本書の使い方

① 各章に基本レシピと アレンジレシピ

基本のレシピは、基本的なお菓子の作り方を紹介しています。アレンジレシピは、基本の作り方を基にした応用編になります。

② macaroni サイトをチェック！

QR コードが掲載されているものは、macaroni サイトと連動しており、動画で見ることもできます。
スマートフォンやタブレットで QR コードを読み取り、確認しましょう。

③ Q&A

お菓子作りにおける疑問とその答えを紹介しています。おいしく作るコツやポイントなどを紹介しています。

④ Memo

参照したいページ数を掲載しています。

⑤ Point

レシピのコツやポイントなどを紹介しています。

⑥ Basic1 ～ 8

基本のお菓子 8 種類の作り方を紹介しています。

⑦ Arrangement1 ～

基本のお菓子作りを学んだあと、応用となるお菓子を Arrangement として紹介います。

⑧ ColumnA ～

お菓子作りにおける材料の役割や性質について解説しています。

⑨ Column1 ～

お菓子作りに必要な材料や分量を変えて仕上がりの違いを検証しています。

⑩ レシピについて

大さじ 1 杯は 15cc、小さじ 1 杯は 5cc です。
バターは食塩不使用のもの（無塩バター）を使用しています。
生クリームは、動物性脂肪分 35 ～ 47％のものを使用しています。
オーブンの温度、焼き時間は目安です。様子を見て調整してください。

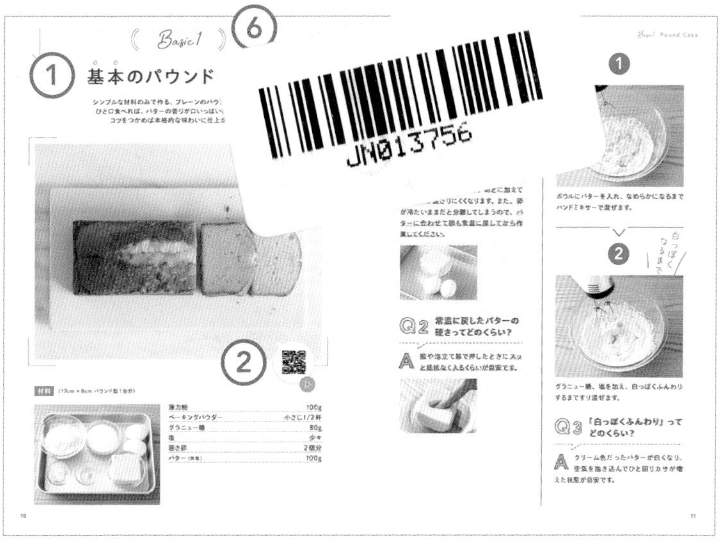

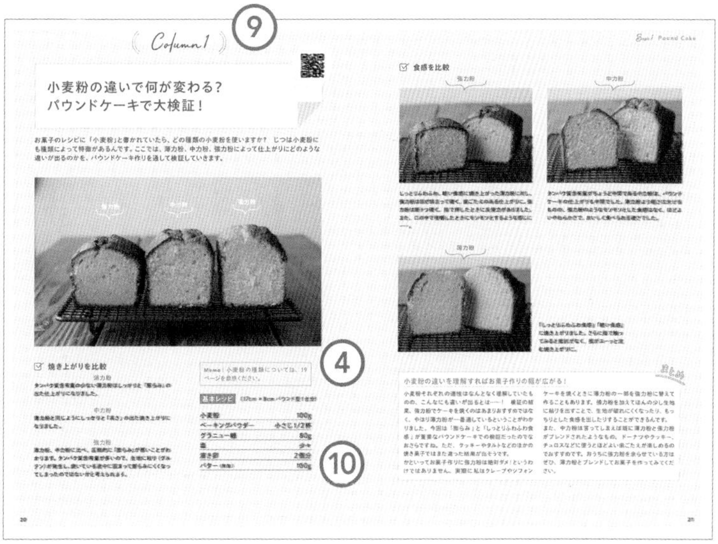

Contents

macaroniが教える

失敗しない お菓子作りの基本

macaroni／macaroni料理家 えも

エムディエヌコーポレーション

はじめに

日頃から趣味でお菓子作りをされている方はもちろん、特別な日のプレゼントやおもてなし、休日のおやつなどさまざまな場面でお菓子作りに挑戦される方も多いのではないでしょうか？　作っているときも完成したときもしあわせな気持ちになれるお菓子作りですが、工程一つ一つに意味のあるお菓子作りには正確さや知識も必要です。

本書では、初心者から上級者までどなたでも失敗せずにお菓子作りを楽しんでいただくためのあれこれをご紹介します。基本的なテクニックはもちろん、下準備でのポイントや各工程での注意点、生地の混ぜ方や混ぜ終わりの見極め方など、私自身の経験に基づいたお菓子作りのヒントやコツを詳しく解説しています。また、よくある質問の検証と結果も紹介しており、お菓子作りに関する「どうして？」が解決されるような1冊にしました。

お菓子作りは繊細な手順や正確な見極めが求められることもあり、最初はうまくいかないこともあるかもしれません。一度失敗してしまうとお菓子作りから離れてしまう方も少なくないと思います。しかし、正しい知識と技術を身につければ、とびきりのおいしいスイーツを作ることができます。

この本を通じて、お菓子作り上級者の方はもちろん初心者の方にもお菓子作りの「楽しさ」を体感していただけたら幸いです。

macaroni

○公式サイト　https://macaro-ni.jp/
○公式Instagram　@macaroni_news

「食からはじまる、笑顔のある暮らし。」がテーマのライフスタイルメディア。月間訪問者数は約2,000万人。献立作りに役に立つ料理レシピ動画、注目のテーブルウェアやキッチングッズ情報、人気インスタグラマーのコラムなど、食と暮らしに役立つ情報を毎日発信している。

料理家 えも

料理研究家 / 調理師 / 製菓アドバイザー

幼い頃から料理やお菓子作りに興味を持ち、大学卒業後は大手料理教室に就職。その後、専門学校にて調理師の資格を取得。現在はmacaroniの料理家として活動しており、お菓子のレシピ考案数は500以上にも上る。上級者向けのレシピはもちろん、初心者でも失敗なく作れるレシピを日々考案している。シンプルな焼き菓子が得意。

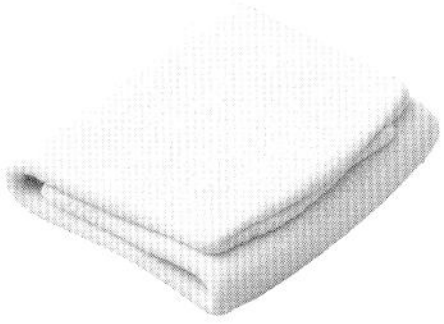

お菓子作りの道具について

初めてのお菓子作り、何から揃えればいいかわからない……という方のために、最低限必要な基本の道具を紹介します。いざ作りはじめたら道具がない！なんてことがないように、必要なものを準備していきましょう。

① めん棒

ボウルで混ぜ合わせた生地をのばすときに使用します。クッキーやタルト生地にはもちろん、パン作りや料理などお菓子作り以外でも幅広く使われます。プラスチック製のものもありますが、重さのある木製のものがのばしやすくおすすめです。

② スケッパー（カード）

ロールケーキの生地を広げたり、粉類の中でバターを刻んだり、絞り袋の中のクリームを寄せたりなど、様々な工程で使用します。なくてもほかのもので代用できますが、1枚持っているととても便利です。

③ 計量カップ

水や牛乳、生クリームなど液体の材料を量るときに使用します。プラスチック製や金属製など様々な材質のものがありますが、色や匂いがつきにくく、耐熱性もあるガラス製のものがおすすめです。

④ ゴムベラ

生地を混ぜたりまとめたり、型に移すときに使用します。ゴムベラの種類によって耐熱温度が違うので、加熱しながら使用する際は注意が必要です。

⑤ 茶漉し

トッピングの粉砂糖やココアパウダーをかけるときに使用します。プレゼント用にかわいく仕上げたいときにぴったりですよ。

⑥ 計量スプーン

大さじや小さじで記載されている材料を量るときに使用します。パン作りや料理でも使えるので、1セット持っておくと便利ですよ。

⑦ ハンドミキサー

電動で泡立てることができる調理家電です。腕の力を使わずに素早く泡立てることができるので、疲れず時短にもなります。泡立て器があれば代用できますが、お菓子作りを頻繁にする人は持っておくと便利です。

⑧ 絞り袋・口金

クリームや生地を絞るときに使用します。ビニール素材の使い捨てタイプが一般的ですが、シリコン製や布製の繰り返し使えるものもあります。

⑨ ボウル（ガラス製）

生地やクリーム作りなどお菓子作りには欠かせない道具です。オーブンやレンジで使用する際は耐熱性に優れたガラス製のものを使用しましょう。

⑩⑪ 包丁
（ペティナイフ・三徳包丁・パン切り包丁など）

チョコレートを刻んだり、トッピングの果物を切ったり、ケーキを切り分けたりなど、様々な工程で使用します。三徳包丁のみでも問題なく作業できますが、用途に合った包丁を持っておくと便利です。

⑫ ふるい

粉類をふるうときに使用します。カップ型や裏ごし器型、ストレーナー型など様々な形状があります。ダマを防ぐためにもお菓子作りには欠かせない道具なので、用意しておきましょう。卵液を漉すときなどにも使えますよ。

⑬ ボウル（ステンレス製）

生地やクリーム作りなどお菓子作りには欠かせない道具です。湯せんしたり氷水に当てながら使う際は熱伝導の良いステンレス製のものを使用しましょう。

⑭ パレットナイフ（スパチュラ）

主にケーキにクリームを塗るときに使用します。根元まで真っ直ぐなフラットタイプと根元が曲がっているL字タイプがありますが、初心者の方には汎用性の高いフラットタイプがおすすめです。

⑮ 泡立て器

材料を均一に混ぜたり空気を含ませながら混ぜるときに使用します。ワイヤーの数や長さによって特徴が違うので、作るお菓子やボウルの大きさに合ったものを使用しましょう。

Basic 1

基本のパウンドケーキ

シンプルな材料のみで作る、プレーンのパウンドケーキです。
ひと口食べれば、バターの香りが口いっぱいに広がります。
コツをつかめば本格的な味わいに仕上がります。

材料 （17cm × 8cm パウンド型1台分）

薄力粉	100g
ベーキングパウダー	小さじ1/2杯
グラニュー糖	80g
塩	少々
溶き卵	2個分
バター（無塩）	100g

下準備

- バターと卵は常温に戻します。
- 型にクッキングシートを敷きます。
- オーブンは180℃に予熱します。

Q1 バターと卵を常温に戻すのはなぜ？

A バターが冷たいままだとクリーム状に練ることができず、あとに加えていく材料が混ざりにくくなります。また、卵が冷たいままだと分離してしまうので、バターに合わせて卵も常温に戻してから作業してください。

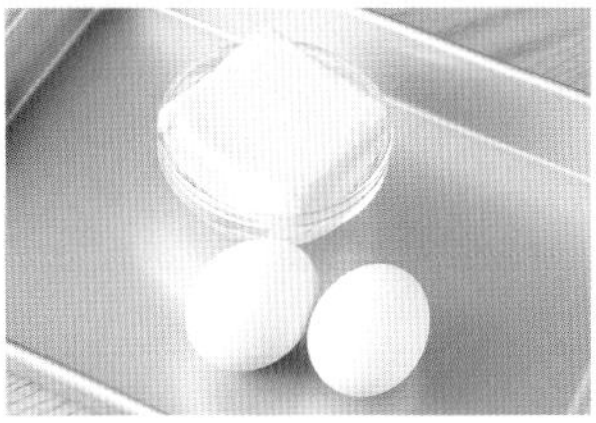

Q2 常温に戻したバターの硬さってどのくらい？

A 指や泡立て器で押したときにスッと抵抗なく入るくらいが目安です。

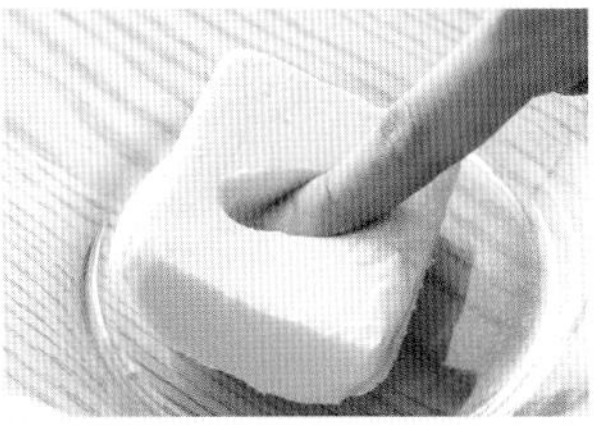

1

ボウルにバターを入れ、なめらかになるまでハンドミキサーで混ぜます。

2

白っぽくなるまで

グラニュー糖、塩を加え、白っぽくふんわりするまですり混ぜます。

Q3 「白っぽくふんわり」ってどのくらい？

A クリーム色だったバターが白くなり、空気を抱き込んでひと回りカサが増えた状態が目安です。

3

溶き卵を少しずつ加え、その
都度よく混ぜて乳化させます。

Q4 一度に加えたらダメ？

A 油のバターと水分の卵はとても混ざりにくいので、一度に加えてしまうと分離する可能性があります。分離すると膨らみが足りなかったり口あたりの悪い仕上がりになってしまうので、大さじ1杯を目安に少しずつ加えてくださいね。

Q5 途中で分離してしまったら……

A 途中で分離してしまったら40～50℃くらいの湯せんにかけて、よく混ぜてください。それでも改善されない場合は分量内の薄力粉を少量入れて混ぜてください。

4

切るように混ぜる

薄力粉とベーキングパウダーをふるい入れ、
ゴムベラで切るように混ぜます。

Q6 切るように混ぜるってどんな混ぜ方？

A ゴムベラを縦に持って生地の中心に入れ、「Jの字」を書くように底からすくうイメージで混ぜてください。

Point

ぐるぐると練るように混ぜると小麦粉の「グルテン」が発生し、きれいに膨らまなかったり硬い焼き上がりになってしまいます。必ず切るように混ぜてくださいね。

Q7 混ぜ終わりの目安は？

A 粉気がなくなり、なめらかでツヤのある生地になったら混ぜ終わりです。

5

型に入れて両サイドがすこし高くなるように表面をならし、10cm くらいの高さから落として空気を抜きます。

Q8 両サイドを高くするのはなぜ？

A 真ん中をくぼませて両サイドを高くすることで、焼き上がりの高さを均一にすることができます。

6

170℃に予熱したオーブンで40 ～ 45分焼きます。

Q9 オーブンに予熱機能がない場合はどうしたらいい？

A 予熱機能のないオーブンの場合は温度を設定し10 ～ 15分加熱を行ったあと、焼きはじめてください。

Point

焼きはじめて10分ほどたったところで水に濡らしたナイフで中心に切り込みを入れると、真ん中がきれいに膨らみます。

7

オーブンから取り出したら粗熱をとります。型から外し、ケーキクーラーの上で冷まします。

Q10 型から外すタイミングは？

A 焼き上がり直後は生地がやわらかく、崩れてしまう恐れがあります。粗熱がとれて手で触れるくらいの温度になったら型から外してください。

8

しっかり冷ます！

完全に冷めたらお好みの大きさに切って完成です。

Q11 すぐに切り分けてはダメ？

A 温かいうちに切ると、生地がやわらかく断面がボロボロと崩れてしまいます。必ず完全に冷めてから切るようにしてください。時間がある場合は冷ましたあとにラップでしっかりと包み、一晩寝かせてから切ることをおすすめします。

チョコマーブルパウンドケーキ

材料 (17cm × 8cm パウンド型1台分)

溶き卵	2個分
薄力粉	100g
ベーキングパウダー	小さじ1杯
グラニュー糖	80g
ココアパウダー	大さじ2杯
牛乳	大さじ2杯
バニラオイル	適量
バター(無塩)	100g

Point

・バターは空気を含ませるように混ぜるとふんわりと仕上がります。
・卵は分離しやすいので少しずつ加えるのがポイントです。
・ココアパウダーはダマにならないように牛乳とよく混ぜ合わせてください。

❶ ボウルにバターを入れてクリーム状になるまでハンドミキサーで混ぜます。グラニュー糖を加え、白っぽくなるまですり混ぜます。
❷ 溶き卵を少しずつ加え、その都度しっかりと混ぜます。
❸ 薄力粉、ベーキングパウダーをふるい入れさっくりと混ぜ合わせたら、バニラオイルを加えて混ぜます。
❹ 別のボウルにココアパウダー、温めた牛乳を加え混ぜ、❸の生地の1/3量を加えて混ぜ合わせます。
❺ ❹の生地を❸に加えて大きく2〜3回切り混ぜ、マーブル状にします。
❻ クッキングシートを敷いた型に流し入れて平らにならし、中央にひと筋のくぼみを入れます。170℃に予熱したオーブンで40分焼きます。※10分後にもう一度中央に切り込みを入れるときれいな割れ目ができますよ。
❼ 型から外して粗熱をとり、食べやすい大きさに切り分け、お好みで粉砂糖をふって召し上がれ。

下準備

- バターと卵は常温に戻します。
- 牛乳はレンジ600Wで10秒ほど温めます。
- 型にクッキングシートを敷きます。
- オーブンは170℃に予熱します。

米粉のバナナパウンドケーキ

材料 (17cm × 8cm パウンド型1台分)

米粉	120g
ベーキングパウダー	小さじ1杯
きび砂糖	60g
バナナ	1本(130g)
卵	2個
米油	40g
ローストクルミ	40g

下準備

- 型にクッキングシートを敷きます。
- オーブンは180℃に予熱します。

1. ボウルにバナナを入れ、マッシャーまたはフォークでなめらかになるまで潰します。
2. 卵、米油、きび砂糖を加えて、しっかりと混ぜ合わせます。
3. 米粉、ベーキングパウダーを加え、粉気がなくなるまで混ぜます。クルミを加えて軽く混ぜます。
4. クッキングシートを敷いた型に流し入れ、180℃に予熱したオーブンで40分焼きます。
5. オーブンから取り出したら型から外し、粗熱をとって完成です。

Point

・焼き縮みを防ぐため、焼き上がったら型から外して粗熱をとってください。
・バナナは完熟したものを使うと自然な甘さがプラスされてさらにおいしく仕上がります。完熟していない場合、皮をむいた状態でラップをかけず、レンジで30秒ほど加熱すると甘みが増しますよ。

Basic1
Arrangement3

シュトーレン風パウンドケーキ

材料 (17cm × 8cm パウンド型1台分)

薄力粉	90g
アーモンドプードル	20g
シナモンパウダー	小さじ1/2杯
ベーキングパウダー	小さじ1杯
溶き卵	2個分
グラニュー糖	90g
ドライフルーツ(a)	100g
アーモンドスライス(b)	40g
ラム酒	大さじ1杯
バター(無塩)	100g

仕上げ

バター(無塩)	10g
粉砂糖	適量

❶ ボウルに(a)と(b)を入れ、分量内の薄力粉からスプーン2杯分ほど加えて全体にまぶします。
❷ ボウルにバターを加えてハンドミキサーでクリーム状になるまで混ぜます。
❸ グラニュー糖を加えて、白っぽくもったりするまでさらに混ぜます。
❹ 溶き卵を少しずつ加え、その都度よく混ぜます。
❺ 薄力粉、アーモンドプードル、ベーキングパウダー、シナモンパウダーをふるい入れ、ゴムベラで切るようにさっくり混ぜます。
❻ ラム酒を加えて粉気がなくなるまで混ぜます。
❼ クッキングシートを敷いた型に流し入れ空気抜きをします。180℃に予熱したオーブンで45〜50分焼きます。※10分経ったところで一度取り出し、ナイフで中心に切り込みを入れます。
❽ 焼き上がったらすぐに型から外し、熱いうちに仕上げのバターを塗ります。
❾ 粉砂糖をたっぷりまぶしたら完成です。

下準備

- バターと卵は常温に戻します。
- 型にクッキングシートを敷きます。
- オーブンは180℃に予熱します。
- (b)は160℃に予熱したオーブンで5〜6分加熱し、粗熱をとります。

Basic 1
Arrangement 4

紅茶のパウンドケーキ

材料　(17cm × 8cm パウンド型1台分)

ホットケーキミックス	150g
卵	1個
グラニュー糖	50g
牛乳	50ml
紅茶(ティーバッグ)	1袋
サラダ油	50g

下準備

- 型はクッキングシートを敷きます。
- オーブンは180℃に予熱します。

❶ ボウルに牛乳、紅茶の茶葉を入れて、レンジ600Wで1分加熱します。レンジから取り出したら混ぜ、粗熱をとります。

❷ 別のボウルにサラダ油、グラニュー糖、卵を入れて泡立て器でよく混ぜます。

❸ ホットケーキミックスを加えて、ゴムベラで切るように混ぜます。

❹ ある程度粉気がなくなったら、❶を加えて粉気がなくなるまで混ぜます。

❺ 型に流し入れ、180℃に予熱したオーブンで30～35分焼きます。

❻ オーブンから取り出したら型から外し、粗熱をとったら完成です。

Point

・紅茶以外に、ドライフルーツやチョコチップを加えてもおいしく作れますよ。

小麦粉の種類について

小麦粉は大きく薄力粉、中力粉、強力粉の３種類に分けられます。種類と特徴を知ることでお菓子作りに役立ちます。

薄力粉

薄力粉は軟質小麦から作られる小麦粉です。タンパク質含有量が6.5～8.5％と少ない薄力粉は、強力粉に比べて粒子が細かく、水を加えたときに粘りが出にくいという特徴があります。
さっくりと軽い口あたりに仕上がるので、お菓子作りや天ぷらの衣に適しています。

中力粉

中力粉は中間質小麦、もしくは軟質小麦から作られる小麦粉です。タンパク質含有量は8.5～10.5％で薄力粉と強力粉の中間。粒子の大きさや粘りも中間で、なめらかにのびるのが特徴です。
うどんやラーメンなどの麺類や餃子の皮に向いています。

強力粉

強力粉は硬質小麦から作られる小麦粉です。タンパク質含有量は11.5～13％ともっとも多く、水を加えたときの粘りも強いです。発酵する際に出る炭酸ガスを外に出さないように閉じ込める役目をグルテンが担ってくれるので、パン作りに適しています。

Column 1

小麦粉の違いで何が変わる？
パウンドケーキで大検証！

お菓子のレシピに「小麦粉」と書かれていたら、どの種類の小麦粉を使いますか？　じつは小麦粉にも種類によって特徴があるんです。ここでは、薄力粉、中力粉、強力粉によって仕上がりにどのような違いが出るのかを、パウンドケーキ作りを通して検証していきます。

焼き上がりを比較

薄力粉

タンパク質含有量の少ない薄力粉はしっかりと「膨らみ」の出た仕上がりになりました。

中力粉

薄力粉と同じようにしっかりと「高さ」の出た焼き上がりになりました。

強力粉

薄力粉、中力粉に比べ、圧倒的に「膨らみ」が悪いことがわかります。タンパク質含有量が多いので、生地に粘り（グルテン）が発生し、焼いている途中に固まって膨らみにくくなってしまったのではないかと考えられます。

Memo｜小麦粉の種類については、19ページを参照ください。

基本レシピ　（17cm × 8cm パウンド型1台分）

小麦粉	100g
ベーキングパウダー	小さじ1/2杯
グラニュー糖	80g
塩	少々
溶き卵	2個分
バター（無塩）	100g

食感を比較

強力粉

しっとりふわふわ、軽い食感に焼き上がった薄力粉に対し、強力粉は目が詰まって硬く、歯ごたえのある仕上がりに。強力粉は断トツ硬く、指で押したときに反発力がありました。また、口の中で咀嚼したときにモソモソとするような感じに……。

中力粉

タンパク質含有量がちょうど中間である中力粉は、パウンドケーキの仕上がりも中間でした。薄力粉より軽さは欠けるものの、強力粉のようなモソモソとした食感はなく、ほどよいやわらかさで、おいしく食べられる硬さでした。

薄力粉

「しっとりふわふわ食感」「軽い食感」に焼き上がりました。さらに指で触ってみると抵抗がなく、指がスーッと沈む焼き上がりに。

まとめ

小麦粉の違いを理解すればお菓子作りの幅が広がる！

小麦粉それぞれの適性はなんとなく理解していたものの、こんなにも違いが出るとは……！　検証の結果、強力粉でケーキを焼くのはあまりおすすめではなく、やはり薄力粉が一番適しているということがわかりました。今回は「膨らみ」と「しっとりふわふわ食感」が重要なパウンドケーキでの検証だったのでなおさらですね。ただ、クッキーやタルトなどのほかの焼き菓子ではまた違った結果が出そうです。
かといってお菓子作りに強力粉は絶対ダメ！というわけではありません。実際に私はクレープやシフォンケーキを焼くときに薄力粉の一部を強力粉に替えて作ることもあります。強力粉を加えてほんの少し生地に粘りを出すことで、生地が破れにくくなったり、もっちりとした食感を出したりすることができるんです。
また、中力粉は言ってしまえば既に薄力粉と強力粉がブレンドされたようなもの。ドーナツやクッキー、チュロスなどに使うとほどよい歯ごたえが楽しめるのでおすすめです。おうちに強力粉を余らせている方はぜひ、薄力粉とブレンドしてお菓子を作ってみてください。

Column 2

小麦粉の代わりには何が最適？ パウンドケーキで大検証！

薄力粉、米粉、ホットケーキミックス、大豆粉、片栗粉の５種類の粉を使ってパウンドケーキを焼き、「小麦粉の代用として適した粉はどれか」、「仕上がりはどう変わるのか」を調べます！

見た目を比較

所々小さな気泡が見えますが、全体的にキメ細かく焼き上がっています。高さもしっかりと出ていて全体的にキレイに膨らみました。

断面は一番薄力粉に近く、キレイに仕上がりましたが、膨らみが悪く薄力粉のものよりもひと回り小さい仕上がりになりました。

高低差がなく、全体的に均一に膨らみました。ほかのパウンドケーキと比べて焼き色が強くついています。また、薄力粉や米粉のものと比べるとキメが粗い印象です。

そこまで高さは出なかったもののまったく膨らまないというわけではなく、想像していたより膨らんでくれた印象です。大豆粉特有の色が出ているので若干黄色みが強い仕上がりになっています。

表面はふんわり焼き上がっていますが、切ってみると中心部が固まってしまっています。火が通っていないわけではなさそうですが、外側と中心部ではかなり食感が変わりそうです。

☑ 食感・風味を比較

薄力粉

しっとりふわふわとした、パウンドケーキらしい食感です。バターの風味が強く感じられ、甘さもちょうど良くバランスのいい仕上がりになりました。

米粉

外側はさっくり、内側はしっとりとした食感に仕上がりました。薄力粉のパウンドケーキと比べて歯切れと口溶けが良く、軽い食感に焼き上がりました。

ホットケーキミックス

しっとりとした食感はあまりなく、ふんわりとしたケーキのような食感です。香料が含まれているため、バターの風味のほかにバニラのような風味も感じられました。また、ミックス粉自体に砂糖が含まれているため甘みも一番強い仕上がりになりました。

大豆粉

かなり重たく、しっとりとした食感です。パサつく心配があったのですが、そんなに気になりませんでした。しかし、口溶けは良くないので口の中に残る感じや飲み込みにくい感じがあります。同じ大豆で作られているきな粉のような香ばしい風味を強く感じる仕上がりになりました。

片栗粉

外側はサクッほろっと軽く口溶けの良い食感に仕上がりましたが、中心部はもっちりと硬い仕上がりに…パウンドケーキとは一番遠い仕上がりになってしまいました。また、甘さやバターの風味はそこまで強く感じず、あっさりとした味わいに焼き上がりました。

基本レシピ (17cm×8cm パウンド型1台分)

薄力粉	100g
ベーキングパウダー	小さじ1/2杯
グラニュー糖	80g
塩	少々
溶き卵	2個分
バター(無塩)	100g

※グラムは変えずに薄力粉を米粉、ホットケーキミックス、大豆粉、片栗粉に替えて焼いてみました。

まとめ

薄力粉の代用になるものは…?

今回は小麦粉以外の粉を使ってパウンドケーキを作ってみました。そもそも性質がまったく違うので、仕上がりにも変化が出ることはなんとなくわかっていましたが、まさかここまでとは……!
検証の結果、薄力粉の代用として使うのは米粉が一番適しているということがわかりました。どの粉でも形にはなったものの、米粉で作ったパウンドケーキは見た目、食感共に一番薄力粉に近い仕上がりになりました。
しかし、「薄力粉と米粉以外ではお菓子は作れません!」ということではありません。薄力粉と同量のレシピで代用するのがむずかしいだけで、それぞれの粉に合ったレシピを参考にすれば、おいしいお菓子を作ることができますよ。

Basic 2

基本の型抜きクッキー

シンプルな材料で作るので簡単！
生地を好きな型で型抜きすれば、プレゼントにもぴったりな可愛いクッキーに。
ココアや抹茶、紅茶の茶葉を加えると味のバリエーションも広がります。

材料 (20 ～ 25枚分)

バター（無塩）	100g
粉砂糖	40g
砂糖	20g
塩	少々
溶き卵	1/2個分
バニラオイル	適量
薄力粉	200g

下準備

- バターと卵は常温に戻します。
- オーブンは170℃に予熱します。

Q1 バターと卵を常温に戻すのはなぜ?

A バターが冷たいままだとクリーム状に練ることができず、あとに加えていく材料が混ざりにくくなります。また、卵が冷たいままだと分離してしまうので、バターに合わせて卵も常温に戻してから作業してください。

Q2 常温に戻したバターの硬さってどのくらい?

A 指や泡立て器で押したときにスッと抵抗なく入るくらいが目安です。

1

ボウルにバターを入れて泡立て器でクリーム状になるまで練ります。

Q3 溶かしバターではダメ?

A バターは温度によって性質が異なります。そのため、冷たいバターや溶かしバターで作業すると仕上がりに影響が出るため、必ず常温に戻したバターを使用してください。

クリーム色が白くなるまで

2

粉砂糖、砂糖、塩を加えて白っぽくなるまですり混ぜます。

Q4 粉砂糖は全量砂糖でも代用できる？

A 全量砂糖でも代用できますが、粉砂糖に比べて砂糖の粒が大きいので表面がなめらかに仕上がらない可能性があります。また、焼き上がりの食感にも影響が出るため、レシピどおり粉砂糖も使用していただくことをおすすめします。

Q5 塩を加えるのはなぜ？有塩バターでの代用はダメ？

A 塩を加えることで甘さが引き立ち、よりおいしく仕上げることができます。有塩バターで作ると塩の量が多く、塩味を強く感じる仕上がりになってしまうので、無塩バターを使用してください。

Q6 白っぽくってどのくらい？

A クリーム色だったバターが白くなるまでが目安です。

3

卵を2〜3回に分けて加え、その都度よく混ぜ合わせます。バニラオイルも加えて混ぜます。

4

薄力粉をふるいながら加えます。ゴムベラに替えて、切るように混ぜます。

Q7 薄力粉はふるわないとダメ？

A 薄力粉をふるうことでダマをなくすことができます。また、ふるうことで空気を含み、生地へのなじみが良くなります。

Q8 切るように混ぜるってどんな混ぜ方？

A ゴムベラを縦に持って生地の中心に入れ、「Jの字」を書くように底からすくうイメージで混ぜてください。ゴムベラを返すときに反対の手でボウルを回転させてくださいね。生地がそぼろ状になったら次の工程に進みます。

5

生地がそぼろ状になってきたら、ヘラをボウルに押し付けるようにして生地をまとめます。

Point

混ぜが足りないとのばしたり型を抜いている間に生地が崩れてしまう恐れがあります。ボウルに押し付けるようにしてしっかりと生地をつなぎ合わせてください。

6

手でひとまとめにしたらラップで包んで冷蔵庫で1時間以上寝かせます。

Q9 生地を寝かせるのはなぜ？

A 生地を混ぜるときに発生したグルテンを落ち着かせることで、サクサクとした軽い食感のクッキーに仕上がります。また、寝かせることで水分が均一に行き渡り、ムラのない生地にすることができます。しっかり冷やしておくことで型抜きもしやすくなるので、必ず1時間以上休ませてください。

7

生地をラップの間にはさんで、めん棒で4～5mm厚さにのばします。

Q10 生地が硬くてのばしにくい場合は？

A 無理にのばすとひび割れの原因になります。めん棒を全体にグッと押し当てて、生地をやわらかくしてからのばしてください。

8

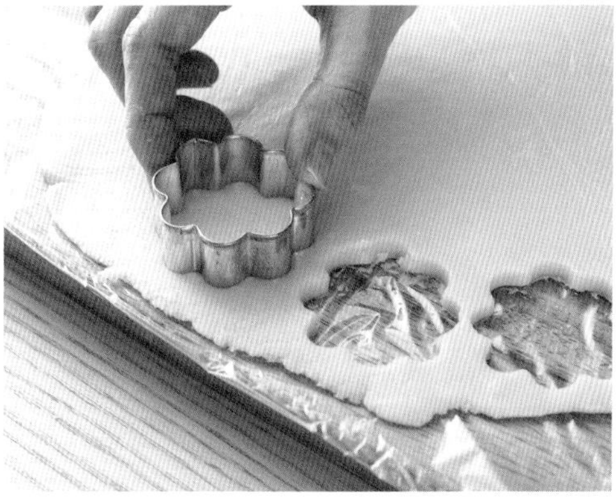

4 ～ 5mm 厚さにのばしたら、好きな抜き型を使って型抜きし、クッキングシートを敷いた天板に並べます。

Q11 型からうまく外れない場合は？

A 生地がやわらかい状態で無理に作業を進めると、型から外れにくく形が変わってしまったり千切れる恐れがあります。やわらかくなってきたなと感じたら再度冷やしてから作業してください。

9

170℃に予熱したオーブンで12 ～ 14分焼き、焼き上がったらケーキクーラーで冷まして完成です。

絞り出しクッキー

材料 (20 ～ 25枚分)

バター(無塩)	70g
粉砂糖	50g
卵黄	1個
薄力粉	100g
アーモンドプードル	20g
牛乳	大さじ1杯

下準備

- バターは常温に戻します。
- 薄力粉とアーモンドプードルは合わせてふるいにかけます。
- オーブンは170℃に予熱します。
- 星型の口金をつけた絞り袋を用意します。

❶ ボウルにバター、粉砂糖を入れてクリーム状になるまですり混ぜます。卵黄、牛乳の順に加えて混ぜ合わせます。
❷ 粉類を加え、粉っぽさがなくなるまでゴムベラで混ぜます。
❸ 絞り袋に❷を入れ、クッキングシートを敷いた天板に「の」の字を書くように絞り出します。
❹ 天板ごと冷蔵庫に入れ、30分寝かせます。
❺ 170℃に予熱したオーブンで10 ～ 15分焼き、粗熱がとれたらできあがりです。

Point

・絞り出す際は、口金が天板と垂直になるように持つときれいな花形になります。
・ドライフルーツやジャムをのせると見た目も可愛く仕上がります。絞り袋がない場合は保存用密閉袋で代用できます。

Basic2
Arrangement 2

アイスボックスクッキー

材料（約25枚分）

a. 薄力粉	100g
b. 薄力粉	90g
b. ココアパウダー	10g
粉砂糖	60g
溶き卵	1個分
バター（無塩）	100g

Point

・生地を巻くときは空洞ができないよう、きつめに巻いてくださいね。
・オーブンは必ず予熱を完了させてから、焼いてください。オーブン機種によって、焼き加減が異なる場合があります。焼き時間を目安にし、様子を見ながらご調整ください。焼き色が付きすぎてしまう場合は、アルミホイルをかけてください。

❶ ボウルにバター、粉砂糖を入れてゴムベラですり混ぜます。
❷ 溶き卵を少しずつ加えながら混ぜ合わせます。
❸ 別のボウルに半量移し、それぞれのボウルにa.、b.をふるい入れ、ゴムベラでさっくり混ぜます。
❹ ラップで包み、冷蔵庫で1時間以上休ませます。
❺ ラップではさんで生地を3mm厚さにのばします。プレーン生地の上にココア生地をのせ、軽くめん棒を転がして密着させます。
❻ 手前から空洞ができないよう気をつけながら巻いていきます。巻き終わりをなじませ、ラップで包んで1時間以上休ませます。
❼ 5～7mmほどの厚さに切り、クッキングシートを敷いた天板の上に並べます。
❽ 170℃に予熱したオーブンで12～14分焼き、粗熱がとれたら完成です。

下準備

• バターと卵は常温に戻します。
• オーブンは170℃に予熱します。

抹茶クッキー

材料 (23～24枚分)

薄力粉	100g
抹茶	5g
溶き卵	1/2個分
粉砂糖	40g
バター(無塩)	50g

下準備

- 卵、バターは常温に戻します。
- オーブンは180℃に予熱します。

❶ ボウルにバター、粉砂糖を入れてなめらかになるまですり混ぜます。
❷ 溶き卵を加えてよく混ぜ合わせます。
❸ 薄力粉と抹茶をふるい入れ、粉っぽさがなくなるまでさっくり混ぜます。
❹ 直径2cmの棒状に成形し、ラップで包んで冷蔵庫で約1時間寝かせます。
❺ ラップを外して包丁で1.5cm厚さに切り、クッキングシートを敷いた天板に並べます。
❻ 180℃に予熱したオーブンで13～15分焼きます。粗熱がとれたら完成です。

Point

・薄力粉の量を20%ほどアーモンドプードルに置き換えると、より香ばしくサクッほろっとしたクッキーに仕上がります。
・オーブンは必ず予熱を完了させてから、焼いてください。オーブン機種によって、焼き加減が異なる場合があります。焼き時間を目安にし、様子を見ながらご調整ください。焼き色が付きすぎてしまう場合は、アルミホイルをかけてください。

ココナッツオイルクッキー

材料 （12～15枚分）

薄力粉	150g
ココナッツオイル	50g
砂糖	40g
牛乳	大さじ2杯
ドライフルーツ	30g
ミックスナッツ	30g

下準備

- 薄力粉はふるいます。
- ミックスナッツは砕きます。
- オーブンは180℃に予熱します。

❶ ボウルにココナッツオイル、砂糖を入れてすり混ぜます。
❷ ふるった薄力粉、ドライフルーツ、ミックスナッツを加えたらゴムベラでさっくり混ぜます。
❸ 牛乳を加えてひとまとまりにします。
❹ めん棒で5mm厚さにのばし、型でくり抜きます。
❺ クッキングシートを敷いた天板に並べ、180℃に予熱したオーブンで20分焼きます。
❻ 粗熱がとれたら完成です。

Point

・お好みの具材を入れてアレンジしてみてくださいね。

ココアクッキー

材料 （15～20枚分）

薄力粉	100g
ココアパウダー	10g
グラニュー糖	50g
サラダ油	80g
卵黄	1個
アーモンドスライス	25g
グラニュー糖	適量

下準備

- オーブンは170℃に予熱します。

❶ ボウルにサラダ油、グラニュー糖を入れて泡立て器ですり混ぜます。
❷ 卵黄を加えて全体をよく混ぜたら、薄力粉とココアパウダーをふり入れ、ゴムベラで切り混ぜます。
❸ アーモンドスライスを加えて、ひとまとまりにしたら、棒状にのばしてラップで包み、冷蔵庫で1時間休ませます。
❹ 冷蔵庫から取り出し、全体にグラニュー糖をまぶして1cmほどの厚さに切ります。
❺ クッキングシートを敷いた天板に並べて、170℃に予熱したオーブンで20～25分焼きます。
❻ オーブンから取り出し、粗熱がとれたら完成です。

Point

・サラダ油が全体に混ざってから手でしっかりと押さえつけるように混ぜると、うまくまとまりますよ。また、使用するサラダ油や薄力粉によって若干ですが生地のまとまり方が異なる場合があります。油を少しずつ加えて調整してください。
・焼き上がりは崩れやすいので、しっかり粗熱をとってから召し上がってくださいね。
・サラダ油は同量のバターでも代用できますよ。

Basic2
Arrangement 6

メロンパンクッキー

材料　（約18枚分）

ホットケーキミックス	200g
卵	1個
グラニュー糖	30g
バター（無塩）	40g

トッピング

グラニュー糖	小さじ1杯

下準備

- バターはレンジ600Wで20～30秒加熱して溶かします。
- オーブンは170℃に予熱します。

❶ ボウルに卵を割り入れて混ぜ、溶かしバターとグラニュー糖を加えてよく混ぜます。

❷ ホットケーキミックスを加え、ゴムベラで切るように混ぜます。

❸ 生地をひと口大にして丸め、少し押しつぶして平たくします。表面にトッピング用のグラニュー糖を適量まぶします。

❹ ナイフまたはスケッパーで格子状に切り目を入れ、170℃に予熱したオーブンで13～14分焼き、粗熱がとれたら完成です。

Point

・焼成中に少し広がるので、間隔をあけて天板に並べてください。

・オーブンは必ず予熱を完了させてから、焼いてください。オーブン機種によって、焼き加減が異なる場合があります。焼き時間を目安にし、様子を見ながらご調整ください。焼き色が付きすぎてしまう場合は、アルミホイルをかけてください。

メレンゲクッキー

材料（30～40個分）

卵白	1個分
グラニュー糖	50g
コーンスターチ	40g

下準備

- オーブンは110℃に予熱します。

❶ ボウルに卵白を入れ、ハンドミキサーで泡立てます。
❷ グラニュー糖を3～4回に分けて加え、その都度よく混ぜます。ツノが立ったら低速で1分混ぜ、キメを整えます。
❸ コーンスターチを加えてさっくり混ぜ、絞り袋に移します。
❹ クッキングシートを敷いた天板の上に絞り、110℃に予熱したオーブンで50分加熱します。
❺ オーブンから取り出し、粗熱がとれたら完成です。

Point

・メレンゲは泡立てすぎるとボソボソになってしまうので気をつけてください。
・オーブンの加熱時間は様子を見て調節してください。
・コーンスターチがない場合は片栗粉でも代用できます。

Column B

砂糖・甘味料の種類について

「レシピで指定されている砂糖が家にない……！」なんていう経験をしたことはありませんか？　お菓子のレシピでは、じつはいろいろな砂糖が使われることが多いんです。それぞれの特徴を知り、使い分けていきましょう。

グラニュー糖

お菓子作りにもっともよく使われる砂糖です。上白糖に比べてサラサラとしていて溶けやすいのが特徴。上品ですっきりとした甘さで、軽い食感に仕上がります。お菓子全般におすすめですが、溶けやすいのでゼリーやムースに向いています。

粉砂糖

グラニュー糖を粉末状にしたものが粉砂糖。粒子が細かいのでクッキーやケーキなどの生地になじみやすく、なめらかな表面に焼き上がります。マカロンを作る際にもよく使われますよ。固まらないようにコーンスターチが入ったものがよく売られているのですが、コーンスターチ入りでマカロンを作ると、表面がひび割れる原因になってしまうことがあります。

上白糖

上白糖はグラニュー糖と比べると水分が多いのが特徴。焼き色がつきやすいため、焦げには注意が必要です。コクがあり、甘みも強く感じられます。カステラや和菓子など、しっとり仕上げたいものに使うことが多いです。

きび砂糖

さとうきびから搾られた砂糖液を煮詰めて作られた砂糖なので、ミネラル分が豊富。さとうきびの風味が残り、コクのある仕上がりになります。カントリー風のクッキーや和菓子に向いています。風味が特徴的なため、ジャムやフルーツタルトなどの素材の味を活かすものには不向きです。

はちみつ

ミツバチが花の蜜を採集し、巣の中で加工、貯蔵した甘味料。はちみつでお菓子を作ることで、しっとりさせたり、はちみつ独特の風味を加えたりすることができます。また、冷めても硬くなりにくく、焼き色もキレイに出ます。
しかし、水分が多いため、生地がキレイに膨らまない、クッキー生地がベタつくなどの原因にもなります。

Column 3

砂糖の代用はできる？
クッキーで大検証！

砂糖を代用できたらと思ったことはありませんか？　ここでは、お菓子作りでよく使われる砂糖「グラニュー糖」「粉砂糖」「上白糖」「きび砂糖」「はちみつ」を使ってクッキーの仕上がりの違いを見ていきます。

焼き上がりを比較

グラニュー糖

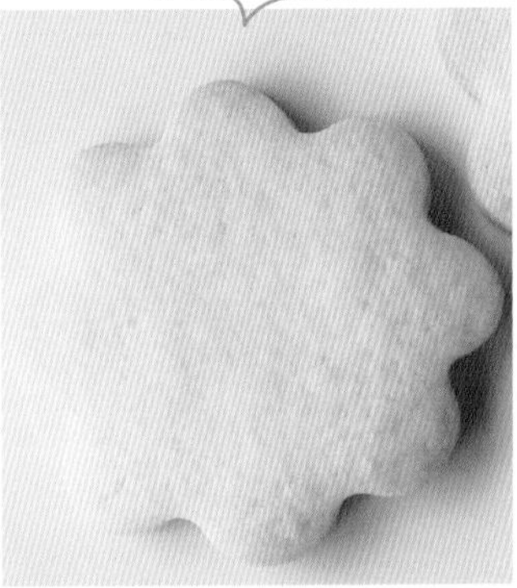

粉砂糖

上白糖

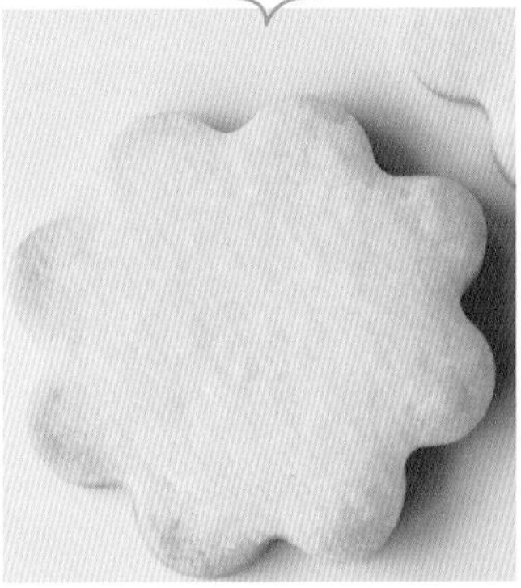

きび砂糖

はちみつ

粒子の細かい粉砂糖と液体のはちみつで焼いたクッキーの表面が、もっともなめらかであることがわかります。上白糖、グラニュー糖、きび砂糖は砂糖の粒子が大きいため、表面に粒が見えています。また、上白糖、きび砂糖、はちみつは、粉砂糖、グラニュー糖に比べると焼き色がやや強く出ている印象でした。

Memo｜砂糖・甘味料の種類については、37ページを参照ください。

食感・風味を比較

グラニュー糖

粉砂糖

上白糖

きび砂糖

はちみつ

ザクザクと歯ごたえのある食感のグラニュー糖、きび砂糖に対して、粉砂糖はサクッほろっとした食感で崩れやすい仕上がりでした。上白糖、はちみつは水分量が多いので、ややしっとりとした食感です。時間が経つとさらにしっとりしそうな予感が……。特にはちみつは、生地を混ぜているときからベタつき、作業しづらい印象でした。クッキーならではのサクサクとした軽い食感を楽しみたいなら粉砂糖、グラニュー糖、きび砂糖がおすすめですね。また、きび砂糖とはちみつはそれぞれの風味をしっかりと感じられる味わいになりました。

基本レシピ （20～25枚分）

薄力粉	200g
砂糖	60g
塩	少々
溶き卵	1/2個分
バニラオイル	適量
バター（無塩）	100g

※砂糖をグラニュー糖、粉砂糖、上白糖、きび砂糖、はちみつに替えて5種類の型抜きクッキーを焼き比べてみました。

まとめ

砂糖で味も食感も変わる！ はちみつは調整がむずかしい

検証の結果、砂糖の種類を替えると見た目だけでなく、味や食感にも大きく影響することがわかりました。今回は型抜きクッキーで比較したので、別の焼き菓子や和菓子などではまた違った結果になるかもしれません。また、「砂糖ははちみつで代用できますか？」というご質問をいただくことがよくあるのですが、はちみつは水分量が多いぶん調整がむずかしいので、なるべくレシピに記載されているとおりの砂糖を使うことをおすすめします。「絶対にダメ！」ということではないので、どうしてもご家庭にない場合は量を調整しながら代用しても大丈夫です。いろいろ試して自分好みの味を見つけてみるのもいいかもしれません。

Column 4

クッキーにはどの卵を使うべき？
絞り出しクッキーで大検証！

クッキーを作るときに“レシピには卵黄って書いてあるけど全卵を使いたい……”と思ったことはありませんか？　ここでは、クッキーに使う「卵」を替えると仕上がりはどう変わるのか、絞り出しクッキーで検証しました。

生地を比較

卵白の生地がふんわりと白っぽく仕上がったのに対して、全卵はほんのり黄色く、卵黄は黄色っぽい生地になりました。この時点では色以外には大きな違いはありませんが、卵黄で作った生地は混ぜているときに重たく感じました。それでは170℃に予熱したオーブンで13～14分焼いていきます！

焼き色を比較

卵白、全卵、卵黄の順に焼き色が濃くなりました。高さについては、卵白が一番高さが出たのに対し、卵黄は広がってしまいました。絞り筋も卵白が一番しっかり出ていて、きれいに仕上がりました。

食感・風味を比較

卵白

一番硬く、手で割るのに力が必要でした。 表面はカリッとしていて全体的にさっくりとした軽い食感です。 卵のコクは少なく、あっさりとした味わいになりました。

卵黄

軽い力で簡単に割れました。ほろっとした食感で口溶けがよく、甘みが強く感じられます。卵の風味も一番強く感じられ、濃厚な味に仕上がりました。

全卵

食感も味もちょうど中間の仕上がりに。 卵黄よりはもろさはありませんが、サクサクしています。卵の風味もよく、一番バランスのとれた味わいでした。

基本レシピ (20 〜 25枚分)

薄力粉	120g
卵白	20g
粉砂糖	50g
バター (無塩)	80g
バニラオイル	適量

※卵白を全卵、卵黄に替え、それぞれ同じ配合の生地を作ってみました。

まとめ

絞り出しクッキーには卵白または全卵がおすすめ!

検証の結果、「卵を使い分けると、見た目、味、食感のすべてが変わる」ということがわかりました。残念ながら卵黄で作ったものは形が崩れやすいことと絞り跡が残りにくいことから、絞り出しクッキーにはあまり向いていないという結果に。きれいな形に仕上げたい場合は、卵白または全卵で作るのがおすすめです!
また、卵白のクッキーはあっさりとした味わいなので、チョコレートをかけたりアイシングをしたりして、デコレーションするのもいいかもしれません。
ここでは卵だけを替えて実験を行いましたが、使う砂糖の種類や小麦粉の種類を替えると、さらに見た目や味に違いが出ます。

Basic 3

基本のプリン

卵、牛乳、砂糖の３つの基本の材料で作る王道のプリンです。
何度も繰り返し作りたくなるなめらか食感のプリンはコツを押さえて失敗知らず。
手作りのおやつにおすすめです！

材料　（ココット［M］　6個分）

卵	3個
グラニュー糖	60g
牛乳	400ml

カラメルソース

グラニュー糖	50g
水	大さじ1杯
熱湯	大さじ3杯

下準備

- 卵と牛乳は常温に戻します。
- オーブンは150℃に予熱します。

Q1 冷たい卵と牛乳を使用したらダメ？

A 卵液の温度が低いと加熱までに時間がかかり、うまく固まらず失敗の原因になる恐れがあります。卵と牛乳は常温に戻したものを使用してください。

1

カラメルソースを作ります。小鍋にグラニュー糖と水を入れ、カラメル色になるまで中火で加熱します。

Q2 加熱しているときはヘラなどで混ぜてはダメ？

A 加熱途中にヘラなどで混ぜるとグラニュー糖が再結晶化し、白く濁って固まってしまいます。グラニュー糖が溶けて茶色く色付いてきたら鍋をゆすりながら加熱してください。

2

火を止めてから
熱湯を加えましょう

火を止めたら熱湯を加え、カラメルと均一になるよう混ぜ合わせてプリンカップに均等に流し入れます。

Q3 熱湯を加えるのはなぜですか？

A 熱湯を加えることで粘度が調整され、サラサラしたカラメルソースを作ることができます。また、余熱でもどんどん色が濃くなってしまうので、熱湯を加えてこれ以上火が入らないようにします。

Q4 型に流し入れる前に固まってしまったら？

A 万が一カラメルソースが固まってしまった場合は再度火にかけ、ゆるくしてから熱いうちに流し入れてください。

3

プリン液を作ります。別の鍋に牛乳とグラニュー糖（半量）を入れ、沸騰直前まで温めます。

Q5 沸騰直前ってどのくらい？

A 水面が静かな状態で湯気が立ち、鍋の縁に小さな気泡が出てくるまでが目安です。

Point

牛乳を沸騰させると分離してしまったり、卵と混ぜたときに固まってしまう恐れがあります。弱火～弱中火でゆっくりと加熱し、沸騰させないよう注意してください。

4

ボウルに卵を割りほぐし、残りのグラニュー糖を加えて混ぜます。

Point

なるべく泡立てないよう、静かに混ぜてください。空気が入ってしまうと焼き上がったときに「す※」が入ってしまう恐れがあります。※「す」とは、蜂の巣状に穴のあいた状態のことをいいます。

5

❸を加えて混ぜ合わせ、漉し器で漉します。

6

❺を❷のカップに均等に注ぎます。

7

深めのバットに並べ、お湯（分量外）をカップの高さ1/3程度まで注ぎます。アルミホイルを全体にかぶせてふたをし、150℃に予熱したオーブンで30 〜 40分ほど湯せん焼きします。

Q6 湯せんは何℃くらいのお湯ですか？

A 湯せんは50 〜 60℃のお湯を使用してください。熱すぎると蒸し焼きにしたときに、プリン液に火が入りすぎてしまう恐れがあります。

8

オーブンから取り出して粗熱をとり、冷蔵庫で2時間ほど冷やします。

Q7 火が通っているか確認するにはどうしたらいいですか？

A 湯せんから取り出して容器を軽く揺らし、全体が均一に揺れたらOKです。わかりにくい場合は竹串を刺してプリン液が出てこないことを確認してください。

9

好きな器に盛り付けたら完成です。

Q8 型からきれいに外すには？

A 指やスプーンでプリンの縁を押さえて型とプリンの間に隙間を作ります。その隙間にペティナイフなどを入れて一周させてください。

Basic3
Arrangement1

イタリアンプリン

材料　(17cm × 8cm パウンド型1台分)

卵	3個
クリームチーズ	100g
牛乳	200ml
グラニュー糖	60g
バニラオイル	適量
カラメルソース	
グラニュー糖	40g
水	小さじ2杯
熱湯	小さじ2杯

下準備

- オーブンは150℃に予熱します。
- 牛乳はレンジ600Wで1分加熱します。

❶ カラメルソースを作ります。鍋にグラニュー糖、水を入れて加熱します。茶色く色付いたら火を止め熱湯を加えて型に流し入れ、粗熱をとります。

❷ プリン液を作ります。ボウルにクリームチーズを入れて、なめらかになるまで混ぜます。グラニュー糖を加えてさらによく混ぜます。

❸ 卵を3～4回に分けて加え、その都度よく混ぜます。

❹ 牛乳、バニラオイルを加えて混ぜたら、漉し器で漉しながら、❶の型に流し入れます。

❺ 天板に置き、たっぷりの熱湯を流し込んだら、150℃に予熱したオーブンで50～60分湯せん焼きにします。※焼き色が付きそうになったら、アルミホイルをかぶせてくださいね。

❻ オーブンから取り出したら粗熱をとり、冷蔵庫でよく冷やします。型から外し、器に盛り付けたら完成です。

Point

・カラメルソースの仕上げに熱湯を加える際、跳ねることがあるので火傷に気をつけてください。
・加熱時間は様子を見て調節してくださいね。

キャラメルミルクプリン

材料（120ml ガラス容器４個分）

牛乳	380ml
粉ゼラチン	8g
水	大さじ２杯
キャラメル	12粒

トッピング

生クリーム（八分立て）	適量
アーモンドダイス	適量
ミント	適量

下準備

- 粉ゼラチンは水で10分ほどふやかします。
- アーモンドダイスは160℃に予熱したオーブンで６～７分ほど加熱します。

❶ 鍋に牛乳、キャラメルを入れて弱火で熱し、沸騰させないように加熱しながらキャラメルを溶かします。

❷ キャラメルが溶け、沸騰直前になったら火からおろします。ふやかしたゼラチンを加えて溶かします。

❸ 容器に流し入れ、粗熱をとったら冷蔵庫で冷やし固めます。

❹ 生クリーム、アーモンドダイス、ミントをトッピングしたら完成です。

Point

・牛乳は沸騰させると分離してしまうので、火加減に気をつけながら加熱してください。
・粉ゼラチンは顆粒ゼラチンでも代用できますが、使用方法や分量が異なります。付属の説明書をよく読んでから使用してください。

Basic3
Arrangement3

チョコプリン

材料 (200ml ガラス容器４個分)

ミルクチョコレート	100g
牛乳	250ml
生クリーム	100ml
グラニュー糖	大さじ１杯
粉ゼラチン	5g
水	大さじ２杯

トッピング

生クリーム（八分立て）	適量
チョコスプレー	適量
ミント	適量

下準備

- 粉ゼラチンは水で10分ほどふやかします。

❶ 鍋に牛乳、生クリーム、グラニュー糖を入れて弱火にかけ、グラニュー糖を溶かします。

❷ 沸騰直前に火を止め、砕いたチョコレートを加えてしっかりと溶かします。

❸ ふやかしたゼラチンを加え、しっかりと溶かします。

❹ 容器に流し入れたら粗熱をとり、冷蔵庫で冷やし固めます。

❺ 固まったら生クリーム、チョコスプレー、ミントを飾って完成です。

Point

・牛乳と生クリームは沸騰させないよう気をつけてください。

Basic3 Arrangement 4

豆乳黒ごまプリン

材料（120ml ガラス容器4個分）

黒ねりごま	大さじ2杯
調製豆乳	300ml
生クリーム	100ml
グラニュー糖	30g
粉ゼラチン	5g
水	大さじ1杯

トッピング

生クリーム（八分立て）	適量
きな粉	適量
黒いりごま	適量

下準備

- 粉ゼラチンは水で10分ほどふやかします。

❶ 鍋に黒ねりごまを入れて、豆乳を少しずつ加えてダマにならないように混ぜます。
❷ 混ざったら、グラニュー糖を加えて弱火にかけます。豆乳を沸騰させないようにグラニュー糖を溶かしたら、火から下ろします。
❸ ふらかしたゼラチンを加えて余熱で完全に溶かします。
❹ ゼラチンが溶けたら、茶漉しなどで漉します。
❺ ❹を氷水に当てながら、粗熱をとり、生クリームを加えてとろみがつくまで混ぜます。
❻ 容器に流し入れて、冷蔵庫で2時間ほど冷やします。
❼ 固まったら、生クリーム、きなこ、黒いりごまをトッピングして完成です。

Point

・豆乳は沸騰させると分離してしまうので気をつけてください。
・豆乳は牛乳でも代用できます。
・お好みでグラニュー糖の量を変えて甘さを調節してください。

Basic3 Arrangement5

かぼちゃプリン

材料 (直径8cm ×高さ5cm プリン型4個分)

かぼちゃ	1/4個 (350g)
卵	3個
牛乳	150ml
生クリーム	100ml
グラニュー糖	50g

カラメルソース

グラニュー糖	50g
水	大さじ1杯
お湯	大さじ2杯

下準備

- かぼちゃは種とわたを取り除き、ひと口大に切って皮をむきます。
- 熱湯を用意します。
- オーブンは160℃に予熱します。

❶ ボウルにかぼちゃを入れて、ふんわりラップをかけてレンジ600Wで4分ほど加熱し、熱いうちにマッシャーで潰します。

❷ 別のボウルに卵を溶きほぐし、グラニュー糖を加えて混ぜます。牛乳、生クリームを少しずつ加えて混ぜ合わせます。

❸ ❶に❷を少しずつ加えて、なめらかになるまで混ぜたら裏ごしして、型に等分に流し入れ、アルミホイルをかぶせます。

❹ 天板にのせたバットに並べ、1～2cm高さの熱湯(分量外)を張り、160℃に予熱したオーブンで40分湯せん焼きにします。粗熱をとり、冷蔵庫で冷やします。

❺ カラメルソースを作ります。小鍋にグラニュー糖と水を入れて火にかけ、中火でカラメル色になるまで煮詰めます。火を止め、お湯を加えて混ぜたらできあがりです。プリンが冷えたら、カラメルソースをかけて召し上がれ。

Point

・かぼちゃは裏ごしするとなめらかに仕上がります。

Basic3
Arrangement 6

バナナプリン

材料 (直径8cm×高さ5cmプリン型4個分)

バナナ	2本(240g)
牛乳	150ml

トッピング

生クリーム(八分立て)	適量
ミルクチョコレート	20g

❶ バナナは、トッピング用に少量薄切りにします。残りは2〜3cm幅に切り、レンジ600Wで2分30秒加熱します。
❷ ミキサーにバナナ、牛乳を入れて攪拌《かくはん》します。
❸ 型に移し、冷蔵庫で2〜3時間ほど冷やし固めます。
❹ お好みで生クリーム、薄切りにしたバナナ、チョコレートをトッピングして完成です。

Point

・バナナはしっかりと熟してシュガースポットがたくさん出ている、傷んでいないものを使用するとより良いですが、購入後すぐのものでもお作りいただけます。❶の工程のように、レンジで加熱してください。その際は、バナナから水分が出て、少し形が崩れるくらいが目安です。
・ミキサーでなめらかになるまで攪拌すると、口あたりが良くなります。ミキサーを使用しない場合は、❷の工程でしっかりと混ぜ合わせてください。
・冷やし固める時間は、様子を見て調節してください。

Column C

卵の特性について

お菓子作りに欠かせない材料のひとつである卵。いつも何気なく使っている食材ですが、卵における3つの特性を覚えておくと、よりおいしいお菓子を作ることができます。

乳化性

卵黄に含まれるレシチンという成分には、水と油をつなぎ合わせて中和する「乳化性」という働きがあります。バターなどの油脂をなじませることで生地が分離することなく安定し、しっとりとしたなめらかな食感に仕上がります。バターケーキやアイスクリームが乳化性を活かした代表的なお菓子です。

起泡性

卵白のたんぱく質には、水の表面張力を弱めて泡立ちやすくする「起泡性」という性質があります。泡立てた気泡が空気に触れてたんぱく質が硬くなることで気泡が安定。そこに熱を加えることで空気が膨らみ、生地をふっくらとさせることができるのです。起泡性を利用してしっかり泡立てることで、スポンジ生地やシフォンケーキがきれいに膨らみます。

熱凝固性

卵には加熱することでたんぱく質が固まる「熱凝固性」という特性があります。凝固の温度や状態は卵白と卵黄それぞれで異なり、卵白は58℃で固まりはじめ、80℃で完全に固まりますが、卵黄は65℃で固まりはじめ、70℃で完全に固まります。たまご焼きや茶碗蒸しなどの卵料理だけでなく、プリンやカスタードクリームも熱凝固性を利用したものです。

Column ①

凝固剤（ゼラチン、寒天、アガー）の特徴について

お菓子作りにおいて、凝固剤は重要な役割を果たします。凝固剤は液体を固形状に変え、菓子に構造や食感を与えるために使用されます。以下に一般的な凝固剤のいくつかを紹介します。

アガー

海藻から抽出されるカラギーナンという食物繊維などを原料とした植物性の凝固剤です。90℃以上の熱い液体に溶かして使用します。30 ～ 40℃で固まり、常温でも型崩れしないので、夏の暑い日にも持ち運びしやすいのが特徴です。ゼラチンや寒天と比べると透明度が非常に高く、素材の色を活かした梅ゼリーや、カラフルな彩りを楽しめるフルーツゼリーなどにぴったりですよ。

注意点

アガーはダマになりやすいので、あらかじめ砂糖と混ぜておくのがポイントです。砂糖を使用しないレシピの場合は、ダマにならないよう液体を攪拌しながら徐々にアガーを加えて、均一に混ぜ合わせてから加熱してください。90℃以上の熱い液体に溶かして使用しますが、沸騰してしまうとゼリーの強度が落ちるため温度管理には気をつけましょう。

寒天

テングサやオゴノリなどの海藻を原材料とした凝固剤です。海藻から抽出して作るので、食物繊維が豊富で低カロリーなのが特徴。常温で固めることができるので、型崩れする心配もありません。アガー、ゼラチンと比べると凝固力が強いため、少量でたくさんの液体を固めることができます。棒寒天、糸寒天、粉寒天と形状が分かれており、それぞれ使い方が異なります。透明感や弾力性があまりないので、杏仁豆腐や水ようかんなどにおすすめです。

注意点

強い酸に弱いので、酸性のものと合わせるときは粗熱をとってから加え、手早く混ぜ合わせるのがポイントです。ふやかした寒天を、ジュースや牛乳などに直接入れて煮溶かそうとすると、不純物が多いためうまく溶けません。寒天を水に入れて煮溶かした寒天液を作り、そこに果汁や牛乳を加えるようにしましょう。特に牛乳と合わせるときは、熱いところに牛乳を入れると乳成分が熱で固まってしまうので注意が必要です。

ゼラチン

ゼラチンは最も一般的な凝固剤のひとつです。水溶性であり、加熱すると溶け、冷やすとゲル化します。泡を抱き込む性質を持っているので、ムースやマシュマロなどのふわふわした食感のお菓子作りにもぴったりです。

注意点

ぬるい水で戻そうとするとゼラチンの表面が溶けて、中心部まで十分に吸水しません。ゼラチンを戻すときは必ず冷水で行いましょう。ゼラチンは熱に弱いので、沸騰した液体に入れて溶かしたり、溶かした液体を沸騰させたりすると、臭みが出て固まる力が弱まってしまいます。ゼラチンを溶かす液体は50 ～ 60℃、ゼラチンを入れたら加熱しないよう気をつけましょう。

Column 5

卵の割合を変えるとどうなる？ プリンで大検証！

自分好みの硬さのプリンが作りたい！　ここでは、実際に卵の割合を変えて４種類のプリンを作り、風味や食感はどのくらい変わるのか、仕上がりにどのような違いが出るのかを調べてみたいと思います！

見た目を比較

牛乳200ml・砂糖50g

プリンの黄金比といわれている200mlで作ったプリンはスッとスプーンが入り、持ち上げてみるとふるふると少し揺れました。しっかりと形は保っているものの、「硬めプリン」という印象はありません。

牛乳150ml・砂糖35g
牛乳100ml・砂糖25g

150mlと100mlのプリンはどちらも硬く、スプーンを入れたときに抵抗がありました。すくってみると形もしっかりと保っています。

牛乳300ml・砂糖75g

卵の割合がもっとも少ない300mlのプリンはスプーンですくってみると一番やわらかく、とろっとしていました。崩れてしまうほどではありませんが、型から外すのはむずかしそうな硬さです。牛乳の割合が多いせいか、ほかのものと比べると色が少し薄かったように思います。

Memo｜卵の特性については、54ページを参照ください。

基本レシピ　（プリンカップ３～４個分）

卵	2個
牛乳	200ml
砂糖	50g
バニラオイル	適量

カラメルソース

砂糖	30g
水	小さじ2杯
熱湯	大さじ2杯

※プリンの黄金比といわれている牛乳：卵：砂糖＝2：1：0.5の比率のレシピです。これを基準に卵の量は変えず、牛乳と砂糖の量を300mlと75g、150mlと35g、100mlと25gに変えて作ってみました。

食感・風味を比較

牛乳300ml・砂糖75g

300mlのプリンは口の中に入れるとスッと溶けてしまいそうなくらい、とろける食感でした。卵の風味よりも牛乳のミルク感がしっかりと味わえ、やさしい甘さに仕上がりました。

牛乳200ml・砂糖50g

200mlのプリンはとろけるほどではありませんが、なめらかな食感でした。舌で軽く力を入れると簡単に崩れるほどのやわらかさに仕上がりました。卵と牛乳のバランスもちょうどよく、まさに「王道のプリン」という感じです。

牛乳150ml・砂糖35g

150mlのプリンは表面はツヤがあってぷるんとしていますが、食べてみるとしっかりと弾力があり、むっちりと硬い食感に仕上がりました。ミルク感はあまり感じられず、卵の風味が強く濃厚なプリンになりました。

牛乳100ml・砂糖25g

100mlのプリンは噛みごたえがあり、しっかりと咀嚼する必要がありました。かなり硬いプリンに仕上がったのではないかと思います。牛乳の割合が一番少ないので、卵の風味がかなり強く、甘さも控えめでした。この割合にするならもう少し砂糖を増やしてもよかったかも？とも思いました。

まとめ

卵の割合を変えたことで、硬さだけでなく色や風味にもかなり違いが出ましたね！

検証の結果、希釈度が高ければ高いほど卵の熱凝固性が強まることが判明。型から取り出して器に盛り付けられる硬さにしたいなら卵と同量～２倍の牛乳を。型に入れたままスプーンですくって食べるのであれば３倍の牛乳で作ってみてください。また、これ以上牛乳の割合が多くなると卵の風味が薄れて、プリンとは別物になってしまう心配があるので、卵黄のみを加えて卵の風味を足すなどの工夫が必要だなと思いました。

今回は卵の割合を変えて実験を行いましたが、砂糖の量だけを変えてみたり、牛乳と生クリームを使ってみたり、卵黄を加えてみたりしても仕上がりに違いが出てくるのではないかと思います。
硬めのプリンが好きな方、なめらかなプリンが好きな方、それぞれ好みがあると思います。卵の性質や検証結果を参考に、ぜひ自分好みのプリン作りに挑戦してみてください♪

Column 6

粉ゼラチンに合わせるベストな水分量とは？水分量を変えてプリンで大検証！

「レシピどおりに作ってみたけど、好みの硬さじゃない……」と思ったことはありませんか？　ここでは、水分量を変えて３種類のプリンを作り、仕上がりにどのような違いが出るのか検証しました！

見た目を比較

水分量が一番少ない100mlで作ったプリンは揺すっても表面はあまり揺れず、スプーンですくうと形をしっかりと保つ硬さに仕上がりました。150mlのプリンは少し揺れますがほどよい硬さに。200mlのプリンは揺するとふるふると揺れ、やわらかく仕上がりました。

食感・風味を比較

口の中に入れるとつるんとした舌触りはあるものの、少し硬めでしっかりとした弾力がありました。卵の風味を強く感じられ、濃厚な仕上がりになりました。

つるんとみずみずしさがあってのど越しもなめらか。舌で簡単につぶれるやわらかさで口溶けもよく仕上がりました。一番卵と牛乳のバランスが良い仕上がりになったと感じます。

口の中に入れた瞬間、すぐに溶けて広がります。卵よりも牛乳の風味が強く感じられ、あっさりとしたやさしい甘さの仕上がりになりました。

基本レシピ（プリンカップ２個分）

牛乳	150ml
卵	1個
グラニュー糖	20g
バニラエッセンス	2滴
粉ゼラチン	2g
水	小さじ2杯

※牛乳の量を100ml、150ml、200mlに変えて作ってみました。

まとめ

2gの粉ゼラチンに対して200mlまでなら調整可能！

水分量を増やせば増やすほどやわらかくなることは分かっていましたが、硬さだけでなく風味にもかなり違いが出ました。
検証の結果、2gの粉ゼラチンに対して200mlまでならほどよい口溶けのプリンが作れるということが判明。これ以上水分を増やすと固まりにくくなってしまうのではないかな？と思います。逆に、ゼラチンは弾力性と粘性が強い分、水分量が少なすぎると硬く感じてしまうこともあります。用途や好みに応じて、調整するのがおすすめです！
今回は粉ゼラチンを使用しましたが、寒天やアガーなど、使用する凝固剤によっても仕上がりに違いが出ると思います。ぜひこの記事を参考に、自分好みのお菓子作りに挑戦してみてください。

Memo｜ゼラチンの特徴については、55ページを参照ください。

Column 7

ゼラチンの代用には何が最適？凝固剤を替えてプリンで大検証！

凝固剤をゼラチン、寒天、アガーに替えてプリンを作り、食感や見た目はどのくらい変わるのかを大検証！

見た目を比較

ゼラチン、アガーで作ったゼリーは表面にツヤがあり、みずみずしい仕上がりになりました。それに比べて寒天は光沢やツヤがなく、マットな仕上がりに。

食感・風味を比較

ゼラチンで作ったプリンはほどよい弾力があり、断面もつるんとしています。口に入れるとゆっくりと溶けていき甘みも強く感じました。

寒天で作ったプリンは、ゼラチンよりしっかり固まりました。スプーンを入れようとすると抵抗があり、断面も凸凹しています。 口に入れると噛みごたえがあって歯切れのよい食感。口の中でとろけないので、甘みを感じにくくすっきりとした味わいでした。

アガーで作ったプリンは寒天のように少し硬く形もきれいに保てていますが、ツヤのある表面に。口に入れると、ゼラチンと寒天のちょうど中間のような食感でぷるんとした弾力がありました。

基本レシピ

ゼラチン（プリンカップ2個分）

牛乳	150ml
卵	1個
グラニュー糖	20g
粉ゼラチン	2g
水	小さじ2杯

寒天（プリンカップ2個分）

牛乳	150ml
卵	1個
グラニュー糖	20g
寒天	1g

アガー（プリンカップ2個分）

牛乳	150ml
卵	1個
グラニュー糖	20g
アガー	2g

まとめ

お菓子に合わせて凝固剤は上手に使い分けて

凝固剤によって、特徴や仕上がりが異なることがおわかりいただけたでしょうか。
アガーや寒天はゼラチンの代用として使用できなくはないですが、まったく違う仕上がりになります。使い方や適切な水分量がそれぞれ異なるため、代用する場合は凝固剤の量を調節する必要があります。

Basic 4

基本のスポンジケーキ

全卵を泡立てて共立て法で作るスポンジケーキのレシピです。
ふんわりしっとりとした軽い口あたりとやさしい味わいのスポンジ生地は、
どのクリームや果物とも相性抜群です。記念日やイベントの際に作ってみてください。

材料　（15cm 丸型1台分）

卵	2個
グラニュー糖	60g
薄力粉	60g
牛乳	大さじ1杯
バター（無塩）	20g

下準備

- 耐熱容器に牛乳とバターを入れ、湯せんまたはレンジで加熱し、バターを溶かします。
- 型にクッキングシートを敷きます。
- オーブンは180℃に予熱します。

Q1 湯せんで溶かすのはなぜですか?

A バターと牛乳が冷えた状態だと生地になじみづらいので、溶かしてから加えます。

1

ボウルに卵を割りほぐし、グラニュー糖を加えてよく混ぜます。

2

攪拌しながら湯せんで人肌まで温めます。

Q2 なぜ人肌まで温めるの?

A 卵黄が冷たい状態だと泡立ちにくいので、人肌まで温めて泡立ちを良くします。温めすぎると卵が固まってしまったり、コシがなくなってしまうので、人肌になったら湯せんから外してください。

Q3 人肌ってどのくらい?

A 生地を少量手に垂らして、冷たさも温かさも感じないくらいが目安です。

3

湯せんから外し、ハンドミキサーの高速で泡立てます。

Point

カサが増すまではボウルを斜めにしてハンドミキサーの羽根全体に生地が掛かるようにすると、素早く泡立てることができます。

4

カサが十分に増え、白くもったりしたら、速度を低速に変えます。2分ほど攪拌し、キメを整えます。

Q4 白くもったりしたらってどのくらい？

A ハンドミキサーを持ち上げて生地を垂らしたときに、線が書けて跡がすぐに消えないくらいしっかり泡立ててください。

Q5 低速で混ぜるのはなぜ？

A 高速で混ぜた生地は泡の大きさがバラバラで、焼き上がったときにキメの粗いスポンジに仕上がってしまいます。低速で混ぜることで泡の大きさを細かく均一にし、キメ細かいスポンジに仕上げることができますよ。

5

薄力粉をふるい入れ、ゴムベラで底からすくいあげ、返しながら練らないように混ぜます。

Q6 薄力粉はふるわないとだめ？

A 薄力粉をふるうことでダマをなくすことができます。また、ふるうことで空気を含み、生地へのなじみが良くなります。

Point

ぐるぐると混ぜてしまうと小麦粉の「グルテン」が発生し、きれいに膨らまなかったり硬い焼き上がりになってしまいます。必ず切るように混ぜてくださいね。

Point

小さく混ぜると生地を触る回数が多くなり、泡を潰してしまう原因になります。混ぜるときは大きく少ない回数で済ませるようにしましょう。

6

粉気がなくなったら湯せんで温めたバターと牛乳を加えて、さっくりと混ぜます。

Q7 混ぜ終わりの目安は？

A バターと牛乳がなじみ、生地全体にツヤが出たら手を止めます。

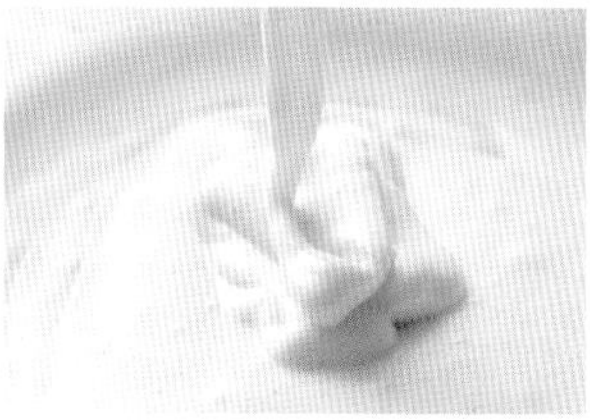

Point

油脂を加えると泡が潰れやすくなるので、大きく混ぜて少ない回数で混ぜきるようにしましょう。

7

型に生地を流し入れ、180℃に予熱したオーブンで20 ～ 25分焼きます。

8

焼き上がったらケーキクーラーに逆さに出して、クッキングシートを付けたまま冷まし、冷めたらシートをはがします。

Q8 型から外すタイミングは？

A 型に入れたまま粗熱をとると焼き縮みする恐れがあるため、焼き上がったらすぐに型から外してください。

Point

スポンジケーキが焼き上がったら10cmほどの高さから型ごと台に落として、余分な水蒸気を抜きましょう。こうすることで焼き縮みを防ぎます。

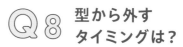

Basic 4
Arrangement 1

チョコスポンジケーキ

材料 （15cm 丸型1台分）

薄力粉	50g
ココアパウダー	10g
卵	2個
グラニュー糖	70g
牛乳	大さじ1杯
バター（無塩）	10g

Point

・しっかりと泡立てたらハンドミキサーを低速にし、キメを整えてください。こうすることで口あたりの良いスポンジケーキに仕上がります。
・バターと牛乳を加えたあとに混ぜすぎると、泡立てた気泡が潰れてしまうので気をつけてください。
・ココアパウダーを加えたあとはダマにならないよう、手早く混ぜ合わせてくださいね。

❶ ボウルに卵を割りほぐし、グラニュー糖を加えてよく混ぜます。
❷ 撹拌しながら湯せんで人肌まで温めます。
❸ 湯せんから外し、ハンドミキサーの高速で泡立てます。
❹ カサが十分に増え、白くもったりしたら、速度を低速に変えます。2分ほど撹拌し、キメを整えます。
❺ 薄力粉、ココアパウダーをふるい入れ、ゴムベラで底からすくいあげて返しながら練らないように混ぜます。
❻ 粉気がなくなったら湯せんで温めたバターと牛乳を加えて、さっくりと混ぜます。
❼ 型に生地を流し入れ、180℃に予熱したオーブンで20～25分焼きます。焼き上がったらケーキクーラーに逆さに出して、クッキングシートを付けたまま冷まし、冷めたらシートをはがします。

下準備

- 耐熱容器に牛乳とバターを入れ、湯せんまたはレンジで加熱し、バターを溶かします。
- 型にクッキングシートを敷きます。
- オーブンは180℃に予熱します。

米粉のスポンジケーキ

材料（15cm 丸型1台分）

卵	2個
グラニュー糖	60g
米粉	60g
牛乳	大さじ1杯
米油	大さじ1杯

Point

・湯せんにかけることで卵が泡立ちやすくなります。湯せんの温度が高すぎると気泡が大きくなってキメが粗い仕上がりになってしまうので、50〜60℃の湯せんで温めてください。

・こちらのレシピでは製菓用米粉を使用しています。米粉の種類によって仕上がりが異なる場合があるため、なるべく製菓用米粉を使用していただくことをおすすめします。

❶ ボウルに卵を割りほぐし、グラニュー糖を加えてよく混ぜます。

❷ 攪拌しながら湯せんで人肌まで温めます。

❸ 湯せんから外し、ハンドミキサーの高速で泡立てます。カサが十分に増え、白くもったりしたら、速度を低速に変えます。2分ほど攪拌し、キメを整えます。

❹ 米粉をふるい入れ、ゴムベラで底からすくいあげ、返しながら練らないように混ぜます。

❺ 粉気がなくなったら湯せんで温めた米油と牛乳を加えて、さっくりと混ぜます。

❻ 型に生地を流し入れ、180℃に予熱したオーブンで20〜25分焼きます。焼き上がったらケーキクーラーに逆さに出して、クッキングシートを付けたまま冷まし、冷めたらシートをはがします。

下準備

- 耐熱容器に牛乳と米油を入れ、湯せんまたはレンジで加熱します。
- 型にクッキングシートを敷きます。
- オーブンは180℃に予熱します。

ズコット

材料 （直径15cm ガラスボウル1台分［500ml］）

スポンジケーキ（5号）	2枚
生クリーム（47%）	100ml
グラニュー糖	小さじ2杯
粉ゼラチン	3g
水	大さじ2杯
いちご	15～20粒

トッピング

生クリーム（47%）	100ml
グラニュー糖	小さじ2杯
いちご	20粒
チャービル	適量
ドライフランボワーズ	適量

下準備

- 粉ゼラチンは水で10分ほどふやかします。

❶ 厚さを半分に切ったスポンジケーキ1枚を6等分に切り分けます。
❷ ボウルに敷き詰めます。
❸ 別のボウルに生クリーム、グラニュー糖を入れて泡立てます。
❹ ふやかしたゼラチンを加えてよく混ぜます。
❺ ❹の1/3量を❷に入れ、いちごを入れます。
❻ さらに❹を塗り広げ、いちごをのせ、残りの❹をすべて入れます。
❼ 直径12cmに切ったもう1枚のスポンジケーキをのせてなじませたら、ラップをかけて冷蔵庫で冷やします。
❽ ❼を皿に出し、トッピング用の生クリームを塗り広げます。
❾ いちご、チャービル、ドライフランボワーズをトッピングして完成です。

Point

・ゼラチンを加えることによって生クリームが固まり、切り分けやすくなります。ゼラチンがない場合は生クリームのみでも作れますが、しっかりと冷やしてから切り分けてください。
・スポンジケーキの大きさはボウルに合わせて切ってくださいね。
・生クリームを泡立てすぎるとボソボソになってしまうので、泡立てすぎないよう気をつけてください。

Basic 4
Arrangement 4

ロールケーキ

材料 （27cm ロールケーキ型1台分）

卵	3個
グラニュー糖	70g
薄力粉	70g
牛乳	大さじ2杯
バター（無塩）	10g
生クリーム（47%）	200ml
グラニュー糖	15g

下準備

- 耐熱容器に牛乳とバターを入れ、湯せんまたはレンジで加熱し、バターを溶かします。
- 型にクッキングシートを敷きます。
- オーブンは180℃に予熱します。

❶ ボウルに卵、グラニュー糖を入れ軽く混ぜます。
❷ 湯せんで人肌になるまで温めながら混ぜます。
❸ 湯せんから外し、白っぽくもったりするまで高速で泡立てます。
❹ 生地を持ち上げて垂らしたときに跡が残るくらいもったりしたら、低速で1分ほど混ぜてキメを整えます。
❺ 薄力粉をふるい入れ、ボウルを回しながらゴムベラで生地を底からすくうようにして粉っぽさがなくなるまで混ぜ合わせます。
❻ 湯せんで温めた牛乳とバターを加えて、ゴムベラでツヤが出るまで混ぜ合わせます。
❼ 型に生地を流し入れ、四隅に広げて平らにならします。
❽ 型を2～3回落として空気抜きをし、180℃に予熱したオーブンで10～12分焼きます。
❾ 焼き上がったら型から外し、クッキングシートを剥がして粗熱をとります。
❿ ボウルに生クリーム、グラニュー糖を入れ、ハンドミキサーで八分立てにします。
⓫ 冷めた生地の巻き終わり部分を1cmほど斜めに切り落とします。
⓬ ❿を塗り広げます。
⓭ 一度クッキングシートを持ち上げて芯を作ります。
⓮ 持ち上げたクッキングシートが台と平行になるように、生地を巻きます。
⓯ 巻き終わりにめん棒をあて、クッキングシートの端を引っ張って形を整えます。
⓰ 乾燥を防ぐために両サイドにラップをし、冷蔵庫で1時間以上しっかり冷やします。
⓱ お好みの大きさに切ったら完成です。

Point

・しっかりと泡立てたらハンドミキサーを低速にし、キメを整えてください。こうすることで口あたりの良いスポンジケーキに仕上がります。
・バターと牛乳を加えたあとに混ぜすぎると、泡立てた気泡が潰れてしまうので気をつけてください。
・オーブン機種によって、焼き加減が異なる場合があります。焼き時間を目安にし、様子を見ながらご調整ください。

Basic 4
Arrangement 5

ココアロールケーキ

材料 （27cm ロールケーキ型1台分）

卵	3個
グラニュー糖	60g
薄力粉	50g
ココアパウダー	10g
牛乳	大さじ2杯
バター（無塩）	15g

チョコクリーム

ミルクチョコレート	50g
生クリーム（47%）	100ml
グラニュー糖	20g

下準備

- オーブンは180℃に予熱します。
- 卵は常温に戻します。
- 型にクッキングシートを敷きます。
- 耐熱容器にバターと牛乳を入れ、湯せんまたはレンジで加熱し、バターを溶かします。

❶ ボウルに卵を入れて溶きほぐします。
❷ グラニュー糖を全量加えて湯せんにあて、混ぜながら人肌にします。湯せんから外してハンドミキサーの高速で白くもったりするまで泡立てます。もったりしたら低速で2分ほど混ぜてキメを整えます。
❸ 薄力粉、ココアパウダーをふるい入れ、ゴムベラで切るようにさっくり混ぜます。
❹ 粉気がなくなってきたら、溶かしバターと牛乳を加えてムラのないように混ぜます。
❺ 全体的にツヤが出てきたら、型に流し入れます。
❻ 型を2～3回落として空気を抜き、180℃に予熱したオーブンで12～13分加熱します。
❼ 焼き上がったら型からすぐに外してクッキングシートを剥がします。表面にラップをピタっとかけて、乾燥しないように冷まします。
❽ チョコクリームを作ります。ボウルにチョコレートを入れて、湯せんまたはレンジで加熱して溶かします。
❾ 別のボウルに生クリームとグラニュー糖を入れて六分立てに泡立てます。
❿ ❽に❾を大さじ2～3杯分加えてなじませたら、❾のボウルに加えて全体を混ぜ合わせます。そのまま泡立てて七分立てにします。
⓫ 冷ました生地の巻き終わりの部分を斜めに切り落とし、クリームを手前厚めで巻き終わりを薄めに塗り、手前から巻きます。
⓬ 巻き終わったらクッキングシートで包み、巻き終わりを下にして、冷蔵庫でしっかり冷やします。
⓭ 冷えたら両端を切り落として、片方を2~3cm分くらい斜めに切り落とします。お好みの大きさに切って完成です。

Point

・しっかりと泡立てたらハンドミキサーを低速にし、キメを整えてください。こうすることで口あたりの良いスポンジケーキに仕上がります。
・バターと牛乳を加えたあとに混ぜすぎると、泡立てた気泡が潰れてしまうので気をつけてください。

フレジェ

材料 (12㎝丸型1台分)

スポンジケーキ(5号)	2枚(厚さ1cm)
いちご	20粒
バター(無塩)	60g

カスタードクリーム

卵黄	2個
グラニュー糖	20g
薄力粉	20g
牛乳	150ml
バニラオイル	適量

ラズベリージュレ

ラズベリーピューレ	50g
グラニュー糖	10g
レモン果汁	小さじ1杯
粉ゼラチン	3g
水	大さじ1杯

シロップ

水	大さじ1杯
グラニュー糖	10g
キルシュ	小さじ1杯

トッピング

いちご	2～3粒
ブルーベリー	5粒

❶ カスタードクリームを作ります。ボウルに卵黄、グラニュー糖を入れて、白っぽくなるまですり混ぜます。
❷ 薄力粉を加えて混ぜ、粉気がなくなったら牛乳を少しずつ加えて、その都度よく混ぜます。
❸ バニラオイルを加えて混ぜたら、ふんわりラップをかけて、レンジ600Wで50秒加熱します。取り出したらよく混ぜ、再び600Wで50秒加熱します。
❹ 取り出したらよく混ぜ、バットに移します。表面に密着するようラップをかけて、保冷剤を置いて急冷します。
❺ 別のボウルに常温に戻したバターを入れ、なめらかになるまでハンドミキサーで混ぜます。
❻ しっかり冷えたカスタードクリームを別のボウルに入れ、なめらかになるまで混ぜます。
❼ ❺に❻を数回に分けて加え、その都度よく混ぜます。絞り袋に入れます。
❽ シロップを作ります。ボウルにグラニュー糖、水、キルシュを入れ、レンジ600Wで30秒加熱します。取り出したらよく混ぜて、グラニュー糖を溶かします。
❾ 12cmの底取タイプの丸型にスポンジを1枚入れ、刷毛でシロップ（半量）を打ちます。
❿ 縦半分に切ったいちごを、断面が外側に向くようにサイドに並べます。
⓫ 中央にもいちごを並べます。
⓬ ❼のクリームを隙間を埋めるように絞ります。
⓭ 平らにならし、もう1枚のスポンジケーキをのせ、残りのシロップを打ちます。
⓮ 残りのクリームを絞り、平らにならしたら一度冷蔵庫で冷やします。
⓯ ラズベリージュレを作ります。小鍋にラズベリーピューレ、グラニュー糖、レモン果汁を全て入れ、弱火〜弱中火にかけます。
⓰ 沸騰直前まで温めたらふやかしたゼラチンを加え、しっかり溶かします。
⓱ ゼラチンが溶けたら火からおろし、氷水に当てて冷やしながら混ぜます。
⓲ 少しとろみがついたら⓮の上に流し、冷蔵庫で冷やし固めます。
⓳ 型から取り外し、いちご、ブルーベリーをトッピングして完成です。

下準備

- バターは常温に戻します。
- スポンジケーキは直径12cmにくり抜きます。
- 冷水に粉ゼラチンをふり入れ、5分ほどふやかします。
- いちごは水でよく洗って水気を切り、ヘタを切り落とします。
- 型にクッキングシートを敷きます。

Point

・レンジの加熱時間は様子を見て調整してください。
・カスタードクリームの加熱後はそのまま放置せず、ボウルやバットに移してラップを密着させ、保冷剤などで急冷してください。
・ゼラチンをふやかすときは必ず冷水にゼラチンをふり入れてください。ゼラチンに冷水を加えるとムラになってしまう恐れがあります。

Column E

砂糖の役割について

お菓子作りにおける砂糖の主な役割は以下の５つです。砂糖の持つ役割を覚えておくことで、自分の理想のレシピを作ることができます。

お菓子をしっとりさせる

砂糖には素材内部の水分を抱え込む「保水性」という性質があります。生地作りに砂糖を使用することで、乾燥を防ぎ、しっとりと仕上げることができます。

焼き色を付ける

砂糖には加熱すると褐色の物質に変化する「メイラード反応」という性質があります。クレームブリュレの表面を焦がしてカラメルにしたり、焼き菓子に焼き色を付けたりするときにこの性質が使われます。

保存性を高める

砂糖には素材の内部の水分を引き出す「脱水作用」という性質があります。この性質を利用したのがジャムやマーマレードです。加熱する前に果実に砂糖をまぶしておくことで果実の細胞中にある水分を引き出し、保存性を高めることができます。

泡を安定させる

砂糖には卵白や生クリームに含まれている水分を保持する働きがあります。そのため、キメが細かく安定した泡を作ることができるのです。

タンパク質の凝固をやわらげる

砂糖にはタンパク質が熱で変性して固まるのを抑制する性質があります。例えばプリンを作るとき、砂糖を多くすると凝固温度が高くなって固まりにくくなり、よりやわらかでなめらかな口あたりに仕上げることができます。

クリームの種類について

お菓子作りに欠かせないクリームには、生クリームとホイップがあることをご存じでしょうか。
生クリームとホイップには違いがあり、それぞれ特徴があります。ここでは、クリームの違いについて紹介しています。

生クリーム

生クリームは、原料が生乳（牛乳）100％で乳脂肪分を18％以上含んでいるものを指します。添加物が一切含まれておらず、パッケージには「純生クリーム」「動物性脂肪」と表記されていることもあります。コクがあり、まろやかな口あたりが特徴ですが、パーセンテージによって風味や硬さが少し変わります。泡立てるには最低でも35％の乳脂肪分が必要です。また、賞味期限が短く、ホイップと比べると値段は高めです。

ホイップ

ホイップは、生クリームの一部またはすべてが植物性油脂に置き換わっており、添加物が入っているクリームのことを指します。脂肪分が18％未満で添加物が入っているため、生クリームではなく「ホイップ」という表記で販売されています。風味や口どけは生クリームに劣りますが、ボソボソしにくくダレにくいので、生クリーム同様デコレーションにも使われます。生クリームと比べて賞味期限が長く、金額は安価です。

Column 8

砂糖はどこまで減らしてOK？ カップケーキで大検証！

お菓子作りに欠かせない砂糖。しかし、「できれば砂糖の量を減らしたい！」と考える方も多いのでは？ここでは、砂糖の量によって仕上がりにどんな違いが出るのかを検証しました。

高さを比較

左から砂糖100％（30g）、70％（20g）、30％（10g）の割合で作ったカップケーキです。「砂糖が多いほど生地の膨らみが良く、高さが出る」という結果になりました。砂糖には気泡の安定性を高める働きがあるため、砂糖の多い生地は泡が潰れにくくなり、ボリュームが出たと考えられます。

焼き色を比較

砂糖70％（20g）、100％（30g）のものは大きな差はあまりなく、どちらもきれいな焼き色が付きました。砂糖30％（10g）のものは全体的に焼き色が薄い仕上がりになりました。砂糖の量が多いほど、メイラード反応により多くの褐色物質が作られ、濃い焼き色が付いたと考えられます。

食感を比較

砂糖30%（10g）のカップケーキは、生地が詰まっていて硬い仕上がりに。口の中に入れるとぼそぼそとした食感で甘さもなく、淡白な味に。一方で、砂糖100%（30g）のケーキはしっとり。ふわっとした軽い食感で口の中でやさしくほどけていきます。砂糖70%（20g）のケーキは100%のものに比べるとしっとり感がやや欠け、しっかりとした生地になりました。

Memo｜砂糖の役割については、74ページを参照ください。

基本レシピ（マフィン型4個分）

卵	1個
砂糖	30g
薄力粉	30g
バター（無塩）	5g
牛乳	大さじ1/2杯

※砂糖の量を100%(30g)、70%(20g)、30%（10g）に変えて焼きました。

まとめ

砂糖の極端な減らしすぎは失敗につながる

「なるべくお砂糖を減らしたい！」という気持ちはよくわかりますが、検証結果からもわかるとおり、極端に砂糖の量を減らしてしまうと、失敗の原因になりかねません。せっかく作ったのに失敗……なんていうのはとっても残念ですよね。
砂糖の量は、参考にするレシピの70～100%の間で調整することをおすすめします！　それでも「砂糖の量が気になる……！」という方は、食べる時間や量に気をつけて、調節するのがいいかもしれません。

Column 9

デコレーションケーキには どのクリームが最適? 4種類のクリームを使って大検証!

「生クリームって何%のものを使えばいいんだろう?」「動物性と植物性で仕上がりは変わるのだろうか?」と思ったことはありませんか? ここでは4種類のクリームを八分立てにするとどんな違いが見られるのか、検証してみました!

見た目を比較

生クリーム (47%)

泡立つ時間がもっとも早く、約50秒で泡立てることができました。「ハンドミキサーの羽根の跡がついてきたかな?」と思ったタイミングから八分立てになるまでがあっという間だったので、混ぜすぎには注意が必要ですね。

生クリーム (35%)

泡立つ時間は47%の生クリームよりも少し長く、約1分30秒でした。もったりしはじめてからしっかり泡立つまで時間がかかったので、47%の生クリームに比べると混ぜすぎてボソボソになってしまう心配はあまりなさそうです。混ぜる前の液体はサラサラとしていましたが、混ぜるとふんわりと軽いクリームになりました。

ホイップ (植物性)

泡立つ時間は35%の生クリームよりもわずかに早く、約1分20秒でした。混ぜているときの感触も35%の生クリームに近く、見た目だけで判別するのはむずかしいほどでした。植物性のホイップも混ぜる前の液体はサラサラとしており、泡立てるとふんわりと軽いクリームになりました。

ホイップ (豆乳入り)

泡立つ時間は植物性ホイップと変わらず、約1分20秒でした。しかし、47%、35%の生クリームや植物性ホイップとは異なり、ふんわりと泡立ったもののややもったりとした感触でした。また、4つのなかでは一番ツヤのある印象です。35%の生クリーム、植物性ホイップ同様、混ぜる前の液体はサラサラとしていました。

Memo | クリームの種類については、75ページを参照ください。

基本レシピ

生クリーム(またはホイップ)	100ml
グラニュー糖	10g

※47%の生クリーム、35%の生クリーム、植物性ホイップ、豆乳入りホイップの4種類のクリーム100mlに10g加糖し、氷水につけながらハンドミキサーの低速で、角が立つまで泡立ててみました。

色と見た目を比較

色の違いを見てみると、乳脂肪分の高い生クリームが黄色っぽく仕上がり、乳脂肪分の低い生クリームや植物性のものが白っぽくなることがわかります。さらに絞ったときの硬さにもかなり違いが出ており、乳脂肪分の高い生クリームのほうが絞り跡がはっきりとついています。絞っているうちにもどんどん硬くなっていく印象でした。それに比べて乳脂肪分が低い生クリーム、ホイップはやわらかく、絞り跡もゆるくなっています。

風味を比較

生クリーム（47%）

もっとも濃厚で、ミルクの風味やコクが感じられるクリームでした。

生クリーム（35%）

ミルクの風味やコクが感じられるものの、47％の生クリームと比べるとやや濃厚さが欠けます。ですが、どちらの生クリームも口溶けがいい印象でした。

ホイップ（植物性）

植物性ホイップはあっさりとした味わいで、ふわっと軽い口あたりでした。ミルクの風味を感じるというよりは香料の香りを強く感じます。

ホイップ（豆乳入り）

豆乳入りホイップはとろっとした口あたりで、大豆の風味が強く感じられました。

まとめ

42 ～ 45%の生クリームがデコレーションには最適！

検証の結果、「乳脂肪分の割合によって、クリームの硬さ、色や風味、口溶けにも違いが出る！」ということがわかりました。
35％の生クリームはゆるくなるので、デコレーションにはあまり向いていないという結果に。ガトーショコラやシフォンケーキなどに添えたり、料理に使ったりすることをおすすめします。植物性ホイップ、豆乳入りホイップも47％の生クリームに比べるとゆるく仕上がりましたが、しっかり泡立ててもボソつきにくいので、デコレーション向きといえます。ただし、ホイップは動物性脂肪や植物性脂肪の割合、添加物の有無によって泡立ちの時間、見た目や味わいに違いが出てくるかもしれません。
今回の4つのなかでは47％の生クリームがデコレーションに向いていますが、上述したとおり硬くなりやすいので、初心者の方は47％と35％をブレンドして42 ～ 45％に調整してみるといいかもしれません。
ミルクの風味やコクを味わいたい方は乳脂肪分の高い生クリームを、あっさりとした軽いクリームが好みの方は植物性ホイップを使ってみてください。また、価格を抑えたい方や一度に大量のクリームを使う場合も植物性ホイップがよさそうです。好みや用途に応じて使い分けてくださいね。

Basic 5

基本のシフォンケーキ

ふんわりした食感と卵の風味が楽しめる、シンプルなプレーンのシフォンケーキです。
そのまま食べるのはもちろん、お好みでクリームやジャムを添えたり、
切り込みを入れて果物を挟んでもおいしいです。

材料 (17cm シフォン型1台分)

卵黄	3個
グラニュー糖	30g
薄力粉	70g
牛乳	大さじ2杯
サラダ油	大さじ2杯

メレンゲ

卵白	3個分
グラニュー糖	40g

下準備

- 卵白は使う直前まで冷蔵庫で冷やしておきます。
- オーブンは180℃に予熱します。

Q1 卵白を冷やしておくのはなぜ？

A 使用直前まで冷やしておくことで、角がピンと立ち、コシのあるメレンゲができます。

1

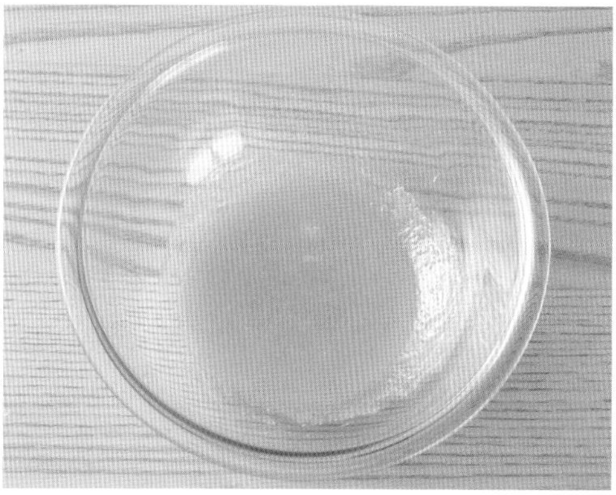

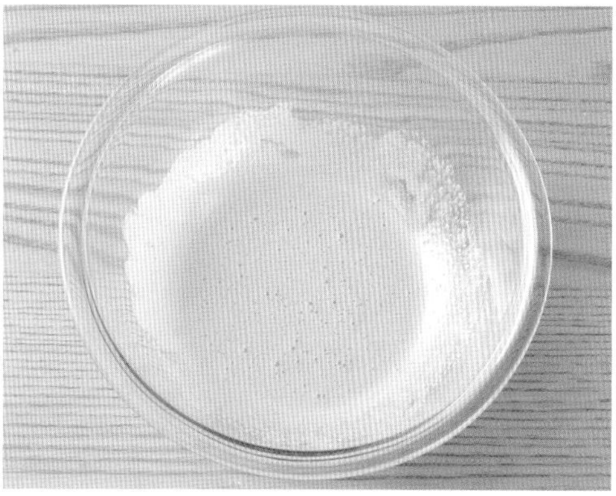

ボウルに卵黄、グラニュー糖を入れ、白っぽくなるまでしっかりすり混ぜます。

Q2 白っぽくってどのくらい？

A マヨネーズのようなクリーム色になるまで混ぜてください。

Point

卵黄にグラニュー糖を加えたらすぐに混ぜてください。混ぜずに置いておくとグラニュー糖が卵黄の水分を吸ってダマになってしまいます。

2

サラダ油を加えてよく混ぜます。

Point

乳化するまでしっかり混ぜ合わせてください。

3

牛乳を加えて混ぜ合わせます。

4

薄力粉をふるい入れ、粉気がなくなるまで混ぜ合わせます。

Q3 薄力粉はふるわないとだめ?

A 薄力粉をふるうことでダマをなくすことができます。また、ふるうことで空気を含み、生地へのなじみが良くなります。

5

メレンゲを作ります。別のボウルに卵白を入れ、ハンドミキサーで軽く泡立てます。

Point

ボウルやハンドミキサーに油脂分や水分が残っていると、卵白が泡立ちにくくなります。道具を使用する前に必ず確認してください。

6

グラニュー糖を3回に分けて加え、その都度高速で混ぜます。

Q4 グラニュー糖を分けて加えるのはなぜ？

A 一度にグラニュー糖を加えると卵白の泡立ちを抑えてしまうため、しっかりと空気を含ませてボリュームを出しながらグラニュー糖を少しずつ加えて安定させていきます。

7

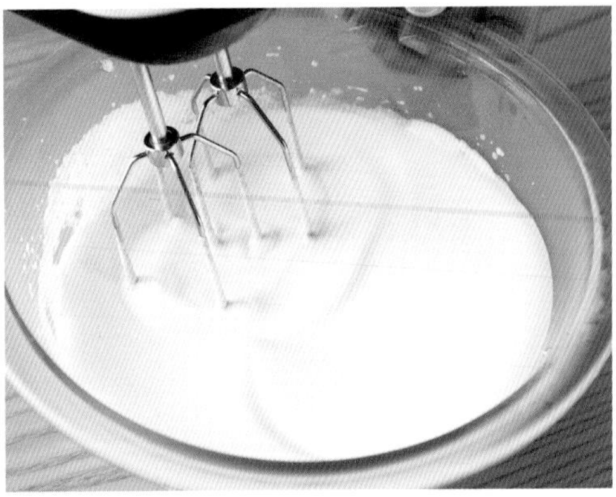

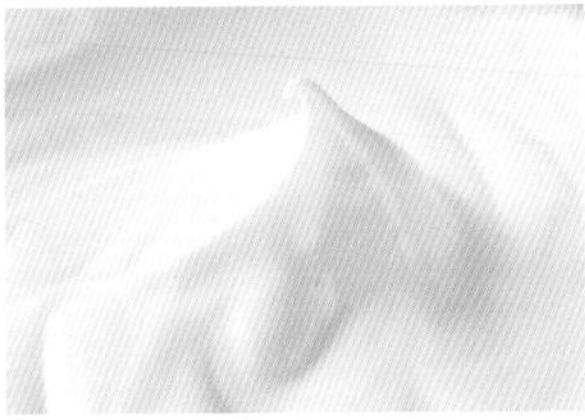

ハンドミキサーをゆっくりと持ち上げ、メレンゲのツノが軽くおじぎしたら低速にして1分ほど混ぜてキメを整えます。

Q5 メレンゲを泡立てすぎてしまうのはよくないですか？

A 泡立てすぎるとメレンゲが分離してしまい、分離してしまったメレンゲは元に戻すことはできません。混ぜすぎてしまう場合は、自分が思ったタイミングより早めにグラニュー糖を加え、こまめに様子を見ながら混ぜてください。

Q6 低速で混ぜるのはなぜ？

A 高速で混ぜたメレンゲは泡の大きさがバラバラでキメが粗い状態ですが、低速で混ぜることで泡の大きさを細かく均一にしキメを細かくすることができます。

8

メレンゲの1/3量を❹に加え、ホイッパーで全体がきれいに合わさるまで混ぜます。

Point

このとき、メレンゲの泡は潰れてしまって大丈夫です。しっかりと混ぜておくことで、あとに加えるメレンゲがなじみやすくなります。

9

❽をメレンゲのボウルに入れ、底からすくうように切り混ぜます。

Q7 切り混ぜるってどんな混ぜ方？

A ゴムベラを縦に持って生地の中心に入れ、「J の字」を書くように底からすくうイメージで混ぜてください。ゴムベラを返すときに反対の手でボウルを回転させてくださいね。

Point

メレンゲの塊が残っていると、焼き上がったときに大きな穴があく原因になります。混ぜすぎには注意ですが、白いメレンゲが残らないよう、ムラなく均一に混ぜましょう。

10

型に一気に流し入れます。

Point

とぎれとぎれに生地を流し入れると、空気が入って焼き上がったときに穴があく原因になります。なるべく一気に流し入れるようにしましょう。

11

流し入れたら軽く揺すり、表面をならし180℃に予熱したオーブンで30 ～ 35分焼きます。

12

オーブンから取り出したら瓶などに筒の部分をさして逆さにし、しっかりと冷まします。

Q8 なぜ逆さまにして冷ますの？

A そのままの状態で冷ますと生地の重みで潰れてしまい、高さがなくなってしまいます。焼き上がったらすぐに逆さまにして焼き縮みを防ぎましょう。

Point

焼き上がったら10cmほどの高さから型ごと台に落として、余分な水蒸気を抜きましょう。こうすることで焼き縮みを防ぎます。

13

ナイフを入れ、型に沿わせるように一周させ型から外します。お好みの大きさに切って完成です。

Point

生地が温かい状態だと崩れてしまう恐れがあります。しっかりと冷ましてから外してください。

Basic5
Arrangement1

バナナシフォンケーキ

材料 （17cm シフォン型１台分）

バナナ	1本
卵黄	3個
グラニュー糖	30g
薄力粉	70g
牛乳	大さじ2杯
サラダ油	大さじ2杯
メレンゲ	
卵白	3個分
グラニュー糖	40g
トッピング	
生クリーム（六分立て）	100ml
ココアパウダー	適量

下準備

- 薄力粉はふるいます。
- オーブンは180℃に予熱します。

❶ バナナはマッシャーやフォークで潰します。
❷ ボウルに卵黄、グラニュー糖を入れて、白っぽくなるまですり混ぜます。
❸ サラダ油、牛乳、❶を加えてよく混ぜたら、ふるった薄力粉を加えて、粉気がなくなるまで混ぜます。
❹ メレンゲを作ります。ボウルに卵白を入れて泡立てます。
❺ グラニュー糖を3～4回に分けて加え、その都度高速で混ぜます。ツノが立ったら低速で1分混ぜ、キメを整えます。
❻ ❸にメレンゲの1/3量を加え、しっかり切り混ぜます。
❼ さらに1/3量加えてマーブル状まで混ぜたら、残りのメレンゲをすべて加え、切り混ぜます。
❽ 高い位置から型に流し入れて空気抜きし、180℃に予熱したオーブンで30～35分焼きます。
❾ 焼き上がったら瓶などにさし、逆さまにして粗熱をとります。型から外したら完成です。お好みで生クリームとココアパウダーをトッピングして召し上がれ。

Point

・バナナの甘さによってお好みでグラニュー糖の量を調節してくださいね。

Basic 5 Arrangement 2

チョコシフォンケーキ

材料　(17cm シフォン型1台分)

薄力粉	50g
ココアパウダー	10g
卵黄	3個
グラニュー糖	30g
ミルクチョコレート	50g
牛乳	40ml
サラダ油	大さじ2杯

メレンゲ

卵白	3個分
グラニュー糖	50g

Point

・ココアパウダーの油分によって、メレンゲの泡が潰れやすくなります。泡を潰さないよう、少ない回数で丁寧に混ぜることがポイントです。

❶ 耐熱ボウルにチョコレートを入れ、湯せんで溶かします。
❷ 別のボウルに卵黄、グラニュー糖を入れて白っぽくなるまで泡立て器ですり混ぜます。
❸ 人肌に温めた牛乳、サラダ油を加えて、しっかり乳化するまで混ぜ合わせます。
❹ 薄力粉、ココアパウダーをふるい入れ、粉気がなくなるまで混ぜます。
❺ ❶を加えてさらに混ぜ合わせます。
❻ メレンゲを作ります。ボウルに卵白を入れ、ハンドミキサーで泡立てます。
❼ グラニュー糖を3回に分けて加え、その都度高速でよく泡立てます。
❽ ツノが立ったら低速で1分混ぜてキメを整えます。
❾ ❺にメレンゲの1/3量を加え、よく混ぜ合わせます。
❿ メレンゲのボウルに❾を加え、メレンゲの白さがなくなるまで混ぜ合わせます。
⓫ 型に流し入れ、180℃に予熱したオーブンで30～35分焼きます。
⓬ オーブンから取り出したら瓶などに筒の部分をさして逆さにし、しっかりと冷まします。
⓭ ナイフを使って、型から外したら完成です。

下準備

- 牛乳、サラダ油は湯せんで人肌に温めます。
- チョコレートは細かく砕きます。
- オーブンは180℃に予熱します。

Basic5 Arrangement3

ごまきな粉シフォン

材料 （17cm シフォン型1台分）

米粉	60g
きな粉	30g
グラニュー糖	40g
卵黄	3個
サラダ油	40g
牛乳	80ml
黒すりごま	大さじ2杯

メレンゲ

卵白	3個分
グラニュー糖	50g

トッピング

生クリーム（七分立て）	適量
つぶあん	適量

下準備

- オーブンは170℃に予熱します。

❶ ボウルに卵黄、グラニュー糖を入れて、白っぽくとろみが出るまですり混ぜます。

❷ サラダ油、牛乳、黒すりごまを加えてよく混ぜたら、米粉、きな粉をふるい入れ、粉気がなくなるまで混ぜます。

❸ メレンゲを作ります。ボウルに卵白を入れて泡立てます。

❹ グラニュー糖を3～4回に分けて加え、その都度高速で混ぜます。ツノが立ったら低速で1分混ぜ、キメを整えます。

❺ ❷にメレンゲの1/3量を加え、しっかり切り混ぜます。

❻ さらに1/3量加えてマーブル状まで混ぜたら、残りのメレンゲをすべて加え、切り混ぜます。

❼ 高い位置から型に流し入れて空気抜きし、170℃に予熱したオーブンで35～40分焼きます。

❽ 焼き上がったら筒の部分を瓶などにさし、逆さまにして粗熱をとります。型から外したら完成です。お好みで生クリームとつぶあんをトッピングして召し上がれ。

Point

・高い位置から型に生地を流し入れることで、大きな空洞ができにくくなります。

紅茶シフォンケーキ

材料　(17cm シフォン型1台分)

卵黄	3個
グラニュー糖	30g
牛乳	大さじ2杯
サラダ油	30g
紅茶(茶葉)	5g
薄力粉	80g

メレンゲ

卵白	4個分
砂糖	40g

下準備

- 茶葉はミルサーなどで粉末状にします。
- オーブンは170℃に予熱します。

Point

・メレンゲの塊が残っていると焼き上がったときに空洞ができてしまう可能性があるので、メレンゲが残らないように混ぜましょう。

❶ ボウルに卵黄、グラニュー糖を入れて白っぽくなるまでホイッパーで混ぜます。
❷ サラダ油を少しずつ加えます。
❸ 牛乳、紅茶の茶葉を加えてさらに混ぜ合わせます。
❹ 薄力粉をふるい入れて粉気がなくなるまで混ぜ合わせます。
❺ メレンゲを作ります。ボウルに卵白を入れてほぐし、グラニュー糖を3回程度に分けて加え、ツノが立つまでハンドミキサーで泡立てます。
❻ メレンゲを❹のボウルに1/3量入れてホイッパーで混ぜ合わせます。
❼ 残りの半分のメレンゲを加えてさらにホイッパーで混ぜ合わせます。
❽ メレンゲのボウルに❼を流し入れゴムベラで混ぜ合わせます。
❾ 型に生地を流し入れ、表面を平らにし、170℃に予熱したオーブンで30～35分ほど焼きます。
❿ 焼き上がったら筒の部分を瓶などにさし、逆さまにして粗熱をとります。型から外し、お好みの大きさに切って召し上がれ♪

抹茶シフォンケーキ

材料（17cm シフォン型1台分）

卵黄	3個
グラニュー糖	20g
サラダ油	30g
牛乳	50ml
薄力粉	60g
抹茶	10g

メレンゲ

卵白	3個分
グラニュー糖	50g

下準備

- オーブンは170℃に予熱します。

Point

・抹茶がダマにならないよう、必ず薄力粉と合わせてふるい合わせてください。

❶ ボウルに卵黄、グラニュー糖を入れ、白っぽくなるまですり混ぜます。
❷ サラダ油を加えたら、よく混ぜてしっかり乳化させます。
❸ 牛乳を加えて混ぜ合わせます。
❹ 薄力粉、抹茶をふるい入れ、粉気がなくなるまで混ぜます。
❺ メレンゲを作ります。ボウルに卵白を入れ、ハンドミキサーで軽く泡立てます。
❻ グラニュー糖を3回に分けて加え、その都度高速でよく混ぜ合わせます。
❼ ハンドミキサーを持ち上げ、ツノが立っておじぎしたら低速で1分ほど混ぜてキメを整えます。
❽ メレンゲの1/3量を❹に加え、ホイッパーで全体がきれいに合わさるまで混ぜます。
❾ 残りのメレンゲを軽く泡立て、均一な硬さにします。❽の生地をメレンゲのボウルに入れ、底からすくうように混ぜていきます。
❿ 生地を型に一気に流し入れます。流し入れたら、型を揺すって表面をならします。
⓫ 170℃に予熱したオーブンで30～35分焼きます。
⓬ 型のまま、筒の部分を瓶などにさし、逆さまにして粗熱をとります。完全に冷めたら型から外して完成です。

メープルシフォンケーキ

材料 (17cm シフォン型1台分)

卵黄	3個
薄力粉	70g
メープルシロップ	大さじ4杯
サラダ油	大さじ2杯

メレンゲ

卵白	3個分
グラニュー糖	40g

下準備

- オーブンは170℃に予熱します。

Point

・メレンゲはツノが立つまでしっかり泡立ててください。

❶ ボウルに卵黄を入れてほぐします。
❷ メープルシロップ、サラダ油を加え、その都度混ぜ合わせます。
❸ 薄力粉をふるい入れ、粉気がなくなるまで混ぜ合わせます。
❹ メレンゲを作ります。ボウルに卵白を入れ、ハンドミキサーで軽く泡立てます。
❺ グラニュー糖を3回に分けて入れ、その都度よく混ぜ合わせます。
❻ ❸に❺の1/3量を加えて混ぜ合わせます。
❼ 残りのメレンゲを加えたらゴムベラに替えて切るようにさっくり混ぜ合わせます。
❽ 型に流し入れ、型ごと揺すって表面を平らにし、170℃に予熱したオーブンで40分ほど焼きます。
❾ 焼き上がったら筒の部分を瓶などにさし、粗熱をとります。完全に冷めたら型から外して完成です。

シフォンケーキはバターでも作れる？サラダ油と溶かしバターで大検証！

シフォンケーキは一般的に無味無臭の液体油を使用して作りますが、溶かしバターでも同じように作れるのか、検証してみました。

☑ 見た目を比較

サラダ油

サラダ油で作ったシフォンケーキは高さがしっかりと出ており、キレイに焼き上がりました。切ってみるとキメが細かく、ふんわりと軽い焼き上がりになっています。

溶かしバター

サラダ油で作ったシフォンケーキと比べると、高さが約半分に…。切ってみると一見うまく焼けたように見えますがキメが粗く、シフォンケーキのようなふんわりとした軽い焼き上がりではなく、スポンジケーキに近いしっとり感のある仕上がりになりました。

☑ 食感・風味を比較

サラダ油

口の中に入れるとやわらかくふんわりと溶けていき、とても軽い口あたりです。卵の風味が強く感じられ、あっさりとしたやさしい味わいに仕上がりました。

溶かしバター

シフォンケーキとスポンジケーキのちょうど間くらいの、ふんわりとしているものの、しっとり感も感じられる仕上がりになりました。サラダ油のシフォンケーキと比べるとやや重ため。
バターの風味がしっかりと感じられるので、コクのある味わいになりました。

基本レシピ （17cm シフォン型1台分）

卵黄	3個
グラニュー糖	30g
薄力粉	70g
牛乳	大さじ2杯
サラダ油	大さじ2杯

メレンゲ

卵白	3個分
グラニュー糖	40g

※卵はＬサイズを使用しています。

※レシピのサラダ油を溶かしバターに替えて作りました。

まとめ

シフォンケーキは液体油で作るべし！

検証の結果、溶かしバターでも作れないことはありませんでしたが、シフォンケーキとは別の物が完成しました。というのも、液体油には小麦粉のグルテンをなめらかに結合し、無理な結合を抑える働きがあります。この働きのおかげで生地がのびやすくなり、生地がよく膨らみボリュームが出てふんわりと軽い食感のシフォンケーキが焼けるのです。そのため、シフォンケーキ特有のふんわりとした軽さやボリュームを出すためには液体油が必須というわけです。液体油には様々な種類があります。好みや参考にするレシピによって替えてみてもいいかもしれないですね。

Column 11

型の素材で仕上がりは変わる？ アルミ製と紙製で大検証！

アルミ製と紙製、仕上がりがどのように違うか気になったことはありませんか？　ここでは、異なる素材の型を使用してどのような違いが出るのか、検証してみました。

焼き上がり・型の外しやすさを比較

アルミ製　紙製

アルミ製　紙製

アルミ製のシフォン型

しっかりと高さが出た仕上がりになりました。型から外す際にピッタリとナイフを沿わせて1周できるので、外したあとは焼き目もキレイに残ったままです。ただ、生地が張り付いているので型から外すのにはコツがいります。

紙製のシフォン型

こちらも特に問題なくキレイに膨らんでいますが、アルミ製のものと比べると若干高さがない焼き上がりです。少し目が詰まっているのかな？という印象。

紙製の型だと剥がす際に側面の生地が紙に付いてしまうので、外したあとは焼き目が付いていない状態になります。

手で紙を剥がすだけなので初心者の方でも簡単に型から外すことができます。

基本レシピ（17cm シフォン型1台分）

卵黄	3個
グラニュー糖	30g
薄力粉	70g
牛乳	大さじ2杯
サラダ油	大さじ2杯

メレンゲ

卵白	3個分
グラニュー糖	40g

※卵はＬサイズを使用しています。

※同じレシピで型の素材を替えて焼き比べてみました。

まとめ

それぞれの特徴を理解して自分に合った型選びを！

それぞれの型の特徴について、おわかりいただけたでしょうか？

アルミ製でも紙製でもほとんど大きな差はなくキレイに膨らみましたが、作る頻度や外しやすさを考えると初心者の方は紙製のほうが向いているのかなと思います。100円ショップで手軽に購入できるのも◎。

逆にシフォンケーキをよく焼く人や、しっかりと高さを出したい人、型抜きに慣れている人はアルミ製の型をひとつ持っていてもいいと思います。

今回はシフォンケーキで実験を行いましたが、ほかのお菓子やほかの素材の型だとまた違いが出るかもしれません。作るお菓子や目指している仕上がりによって型の素材を替えて作ってみてください。

Column 12

失敗しないシフォンケーキの型の外し方「パレットナイフ」を使った外し方と「手外し」をご紹介

型外しの難易度が高いシフォンケーキ。ここでは、パレットナイフを使った一番基本的な外し方と、道具を使わず手だけで簡単に剥がせる外し方をご紹介。

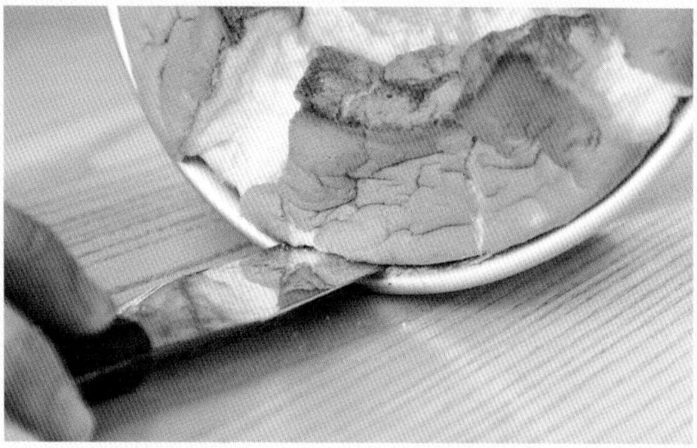

パレットナイフを使う

❶ オーブンから取り出したら逆さまにして、しっかりと冷まします。
❷ 生地と型の間にナイフを差し込み、型に沿わせながらゆっくりと1周させます。
❸ 筒の周りは竹串などを使い、同様に剥がします。
❹ 型を持ち上げて外し、底にもナイフを差し込んで1周させます。
❺ そっと引き抜いたら完成です！

\ コツ・ポイント /

- 生地がしっかり冷めていないと縮んだり、パレットナイフで剥がした側面がボロボロになってしまう恐れがあります。必ずしっかり冷ましてから外してください。
- パレットナイフを持つ手に力が入っていると生地を傷つけてしまう恐れがあります。肩の力を抜いてやさしくゆっくりと1周させてください。
- パレットナイフが途中で曲がってしまうとシフォンケーキに刺さって形が崩れてしまいます。最後までしっかりと型に沿わせるように動かしましょう。

手外し

❶ オーブンから取り出したら逆さまにして、しっかりと冷まします。
❷ 側面の生地から下に向かって手で押し、剥がしていきます。
❸ 1周させて全体が剥がれたら、筒の部分も同じように手で下に押して剥がします。
❹ 型を持ち上げて外します。
❺ 筒の中に利き手と逆の手を入れ、横向きにします。利き手を生地に添えてゆっくりと1周させながら剥がします。
❺ そっと引き抜いたら完成です！

\ コツ・ポイント /

- 生地がしっかり冷めていないと潰れた生地が戻ってこなかったり、うまく側面から外れなかったりなど、失敗の原因になります。必ず冷ましてから外してください。
- 恐る恐る押すとうまく剥がれないので、怖がらずにグッと押してみてください。
- 中にドライフルーツやチョコチップを入れた生地はパレットナイフを使うことをおすすめします。

Basic 6

基本のタルト生地

甘みのある、基本のタルト生地を作りました。サクサクとした食感と、やさしい甘さで、
どんなタルトにも合わせやすい、タルト台です。基本の生地をマスターすれば、アレンジは無限大。
クリームを入れたり、フルーツをのせてお試しください。

材料（18cm タルト型1台分）

薄力粉	120g
アーモンドプードル	30g
粉砂糖	40g
溶き卵	1/2個分
バター（無塩）	70g
塩	少々
バニラオイル	少々

下準備

- バターと卵は常温に戻します。
- オーブンは180℃に予熱します。
- 薄力粉とアーモンドプードルは合わせてふるいます。

Q1 バターと卵を常温に戻すのはなぜ？

A バターが冷たいままだとクリーム状に練ることができず、あとに加えていく材料が混ざりにくくなります。また、卵が冷たいままだと分離してしまうので、バターに合わせて卵も常温に戻してから作業してください。

Q2 薄力粉とアーモンドプードルをふるうのはなぜ？

A 合わせてふるうことで、材料が均一になりなじませやすくなります。

1

ボウルにバターを入れて、ゴムベラでなめらかになるまでよく練ります。

Point

バターをなめらかになるまで練っておくことで、あとの材料が混ざりやすくなります。

2

粉砂糖を加えて白っぽくなるまですり混ぜたら、塩、バニラオイルを加えて混ぜます。

Q3 塩を加えるのはなぜ？有塩バターでの代用はダメ？

A 塩を加えることで甘さが引き立ち、よりおいしく仕上げることができます。有塩バターで作ると塩の量が多く、塩味を強く感じる仕上がりになってしまうので、無塩バターを使用してください。

Q4 白っぽくってどのくらい？

A クリーム色だったバターが白くなるまでが目安です。

3

卵を３～４回に分けて加え、その都度よく混ぜます。

Q5 卵は一度に加えたらダメ？

A 油のバターと水分の卵はとても混ざりにくいので、一度に加えてしまうと分離してしまいます。分離すると膨らみや口あたりの悪い仕上がりになってしまうので、注意してくださいね。

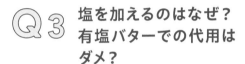

4

ふるった粉類を加えて、粉気がなくなるまで切り混ぜます。ひとまとまりにしてラップで包み、冷蔵庫で1時間以上休ませます。

Q6 切り混ぜるってどんな混ぜ方？

A ゴムベラを縦に持って生地の中心に入れ、「Jの字」を書くように底からすくうイメージで混ぜてください。ゴムベラを返すときに反対の手でボウルを回転させてくださいね。生地がそぼろ状になったらボウルに押し付けてひとまとめにします。

5

打ち粉をした台に出し、めん棒で3mm厚さにのばします。

Q7 打ち粉に使うのは薄力粉？　強力粉？

A 打ち粉には強力粉を使うことをおすすめします。強力粉は薄力粉より粒子が大きく、生地から払い落としやすいからです。もし、強力粉がない場合は薄力粉でも代用できます。

6

そっと持ち上げてタルト型に敷き、余分な生地を切り落とします。

7

フォークなどで穴をあけ、クッキングシートを敷いて重石をのせます。180℃に予熱したオーブンで25 ～ 30分焼きます。

Q8 どうして穴をあけるの？

A ピケをして生地に穴をあけることで、焼成時に空気や水蒸気が抜け、生地が膨れ上がるのを防ぐことができます。生地全体に均一にあけてくださいね。

Q9 重石は必要？ ない場合はどうしたらいい？

A 重石をのせることで生地が膨れ上がるのを防ぎ、形をきれいに保つことができます。重石がない場合は米や小豆でも代用できますよ。

8

オーブンから取り出し、型から外したら粗熱をとって完成です。

Memo | タルトの中身については、102～110ページのアレンジレシピを参照ください。

Basic 6
Arrangement 1

いちごのタルト

材料 （18cm タルト型1台分）

クレームダマンド

アーモンドプードル	50g
粉砂糖	50g
バター（無塩）	50g
溶き卵	1個分

カスタードクリーム

薄力粉	20g
牛乳	250ml
グラニュー糖	40g
溶き卵	1個分

タルト生地

薄力粉	120g
アーモンドプードル	30g
粉砂糖	40g
溶き卵	1/2個分
バター（無塩）	70g
塩	少々
バニラオイル	少々

トッピング

いちご	12粒

下準備

- 薄力粉とアーモンドプードルは合わせてふるいます。
- オーブンは180℃に予熱します。

❶ クレームダマンドを作ります。ボウルにバターを入れてゴムベラでよく練ります。
❷ 粉砂糖を加えてすり混ぜたら、溶き卵を２～３回に分けて加え、その都度よく混ぜます。アーモンドプードルを加えて混ぜます。
❸ タルト生地を作ります。ボウルにバターを入れて、ゴムベラでなめらかになるまでよく練ります。
❹ 粉砂糖を加えて白っぽくなるまですり混ぜたら、塩、バニラオイルを加えて混ぜます。
❺ 卵を３～４回に分けて加え、その都度よく混ぜます。
❻ ふるった粉類を加えて、粉気がなくなるまで混ぜます。ひとまとまりにしてラップで包み、冷蔵庫で1時間以上休ませます。
❼ 打ち粉をした台に出し、めん棒で3mm 厚さにのばします。
❽ そっと持ち上げ、タルト型に敷き、フォークなどで穴をあけます。余分な生地を切り落としたら、❷を加えてゴムベラで平らにならし、180℃に予熱したオーブンで25～30分焼きます。
❾ オーブンから取り出したら、型から出して粗熱をとります。
❿ カスタードクリームを作ります。ボウルに薄力粉とグラニュー糖を入れて、泡立て器で軽く混ぜます。
⓫ 牛乳を少しずつ加えて、その都度よく混ぜます。
⓬ 卵を加えてさらによく混ぜたらふんわりとラップをし、レンジ600W で２分加熱します。取り出したらよく混ぜ、もう一度600W で２分加熱します。
⓭ ラップを密着させて、冷蔵庫でよく冷やします。
⓮ ❾に、冷えたカスタードクリームを塗り、いちごを飾ったら完成です。

Point

・カスタードクリームは加熱後にバニラエッセンスを加えると、香りが加わってさらにおいしくなりますよ。
・オーブンの焼き時間は様子を見て調節してくださいね。

Basic 6
Arrangement 2

りんごのタルト

材料 （16cm タルト型1台分）

りんご	1個
グラニュー糖	大さじ2杯
シナモンパウダー	小さじ1/3杯
バター（無塩）	20g

タルト生地

薄力粉	90g
アーモンドプードル	10g
粉砂糖	30g
卵黄	1個
塩	少々
バニラオイル	少々
バター（無塩）	60g

クレームダマンド

薄力粉	10g
アーモンドプードル	50g
グラニュー糖	60g
溶き卵	1個分
バター（無塩）	50g

トッピング

溶けない粉砂糖	適量

下準備

- オーブンは180℃に予熱します。

❶ りんごは4等分に切って芯を取り除き、5mm 厚さの薄切りにします。
❷ タルト生地を作ります。ボウルにバターを入れて、ゴムベラでなめらかになるまでよく練ります。
❸ 粉砂糖を加えて白っぽくなるまですり混ぜたら、塩、バニラオイルを加えて混ぜます。
❹ 卵黄を加えてすり混ぜます。
❺ 薄力粉、アーモンドプードルをふるい入れ、粉気がなくなるまで混ぜます。ひとまとまりにしてラップで包み、冷蔵庫で1時間以上休ませます。
❻ クレームダマンドを作ります。ボウルにバターを入れ、泡立て器でなめらかになるまで練ります。
❼ グラニュー糖を加え、白っぽくなるまですり混ぜます。
❽ 溶き卵を少しずつ加え、その都度よく混ぜます。
❾ アーモンドプードル、薄力粉を加え、ゴムベラで均一になるよう混ぜます。
❿ ❺を、打ち粉をした台にのせます。手で押しつぶすようにして、ある程度薄くしたあと、めん棒などを使ってのばします。
⓫ 型よりひと回り大きいサイズで、5mm 程度の厚みにのばしたら型の上にかぶせます。生地を型に敷きこみ、余分な生地はナイフの背などで切り落とします。
⓬ 底にフォークでいくつか穴をあけ、❾を流し入れて平らにのばします。
⓭ りんごを並べバター、グラニュー糖、シナモンパウダーを全体にまぶします。180℃に予熱したオーブンで30 ～ 40分焼きます。
⓮ 粗熱がとれたら、溶けない粉砂糖をかけて完成です。

Point

・バターは必ず常温に戻したやわらかい状態のものを使用してください。
・タルト生地がベタついてまとまらない場合は薄力粉を10g ほど足して様子を見てください。
・生地がポロポロとまとまらない場合は混ぜが足りていない可能性があります。手の体温を伝えないようゴムベラでしっかりと混ぜてからまとめてください。
・タルト生地を型に敷くときは空気が入らないよう隙間なく敷いてください。
・打ち粉は強力粉を使用しています。強力粉がない場合はクッキングシートで挟んでのばしてください。また、余分な打ち粉は払い落としてくださいね。

Basic 6
Arrangement 3

さつまいもタルト

材料 （18cm タルト型1台分）

さつまいも	120g
ミックスナッツ	30g
メープルシロップ	大さじ1杯
グラニュー糖	大さじ1杯
水	大さじ1杯

タルト生地

薄力粉	100g
粉砂糖	40g
卵黄	1個
塩	少々
バニラオイル	少々
バター（無塩）	60g

クレームダマンド

薄力粉	10g
アーモンドプードル	50g
グラニュー糖	60g
溶き卵	1個分
バター（無塩）	50g

トッピング

溶けない粉砂糖	適量

下準備

- さつまいもは水でよく洗います。
- 5mm 角に切り、5分ほど水にさらして水気をよく切ります。
- ミックスナッツは粗く砕きます。

❶ タルト生地を作ります。ボウルにバターを入れて、ゴムベラでなめらかになるまでよく練ります。
❷ 粉砂糖を加えて白っぽくなるまですり混ぜたら、塩、バニラオイルを加えて混ぜます。
❸ 卵黄を加えてすり混ぜます。
❹ 薄力粉をふるい入れ、粉気がなくなるまで混ぜます。ひとまとまりにしてラップで包み、冷蔵庫で1時間以上休ませます。
❺ 耐熱ボウルに入れ、水、グラニュー糖、メープルシロップを加えてふんわりラップをし、レンジ600Wで3分加熱します。取り出したら軽く混ぜ、ラップをせずにレンジ600Wで3分加熱します。
❻ レンジから取り出したらミックスナッツを加えて軽く混ぜ、粗熱をとります。
❼ ❹を、打ち粉をした台にのせます。手で押しつぶすようにして、ある程度薄くしたあと、めん棒などを使ってのばします。
❽ 型よりひと回り大きいサイズで、5mm程度の厚みにのばしたら型の上にかぶせます。生地を型に敷きこみ、余分な生地はナイフの背などで切り落とします。
❾ 底にいくつかフォークで穴をあけ、クッキングシートを敷き重石をのせます。
❿ 180℃に予熱したオーブンで25分焼きます。とり出したら粗熱をとります。
⓫ クレームダマンドを作ります。ボウルにバターを入れ、泡立て器でなめらかになるまで練ります。
⓬ グラニュー糖を加え、白っぽくなるまですり混ぜます。
⓭ 溶き卵を少しずつ加え、その都度よく混ぜます。
⓮ アーモンドプードル、薄力粉をふるい入れ、ゴムベラで均一になるよう混ぜます。
⓯ 粗熱をとったタルト台に⓮を敷き詰め、❻をのせます。
⓰ 170℃に予熱したオーブンでさらに25～30分焼きます。
⓱ 取り出したら粗熱をとり、型から外します。
⓲ 溶けない粉砂糖をかけたら完成です。

Basic 6
Arrangement 4

ベイクドチーズタルト

材料 （18cm タルト型1台分）

タルト生地

薄力粉	100g
アーモンドプードル	20g
粉砂糖	40g
卵黄	1個
塩	少々
バター（無塩）	60g

フィリング

クリームチーズ	200g
グラニュー糖	60g
溶き卵	1個分
生クリーム	60ml
薄力粉	大さじ1杯
レモン果汁	大さじ1杯

❶ ボウルにバターを入れて、ゴムベラでなめらかになるまでよく練ります。
❷ 粉砂糖を加えて白っぽくなるまですり混ぜたら、塩を加えて混ぜます。
❸ 卵黄を加えてよく混ぜたら、薄力粉とアーモンドプードルをふるい入れて粉気がなくなるまで混ぜます。ひとまとまりにしてラップで包み、冷蔵庫で1時間以上休ませます。
❹ ❸を、打ち粉をした台にのせ、めん棒で3mm 厚さにのばします。
❺ 型に沿わせるように密着させ、余分な生地をナイフの背などで切り落とします。フォークで底にいくつか穴をあけ、180℃に予熱したオーブンで、15分焼きます。
❻ フィリングを作ります。ボウルにクリームチーズを入れてなめらかになるまで混ぜます。
❼ グラニュー糖を加えてよく混ぜたら、溶き卵を3～4回に分けて加え、その都度よく混ぜます。
❽ レモン果汁を加えて混ぜ合わせたら、生クリームを少しずつ加えて混ぜます。薄力粉をふるい入れ粉気がなくなるまで混ぜたら❺に流し入れます。
❾ 160℃に予熱したオーブンで30～40分焼きます。取り出したら粗熱をとり、冷蔵庫で冷やしたら完成です。お好みの大きさに切って召し上がれ。

Point

・タルト生地はしっかりと冷やすことでサクサクの食感になります。
・クリームチーズに卵を加える際は一度に全量を加えずに少しずつ加えましょう。

チョコレートタルト

材料 (18cm タルト型1台分)

タルト生地

薄力粉	100g
粉砂糖	25g
バター(無塩)	60g
卵黄	1個
塩	ひとつまみ

アパレイユ

ミルクチョコレート	100g
バター(無塩)	30g
生クリーム	100ml
卵	1個

トッピング

粉砂糖	適量

下準備

- バター、卵、生クリームは常温に戻します。

❶ タルト生地を作ります。バターをボウルに入れ、クリーム状に練ったら粉砂糖をふるい入れ混ぜ合わせます。

❷ 塩を加え混ぜ、卵黄を少量ずつ加えて都度混ぜ合わせます。

❸ 薄力粉をふるい入れ、まとめるように混ぜ合わせます。

❹ ラップで包み、2時間ほど休ませます。

❺ 台に打ち粉をして❹を型より少し大きくなる程度にのばします。

❻ 型に生地をのせてラップをかけ、角までしっかり敷き詰め、フォークなどでピケします。

❼ クッキングシートと重石をのせ、180℃に予熱したオーブンで15分焼きます。10分ほど経過したら途中で重石をのぞいて焼きます。

❽ アパレイユを作ります。粗く刻んだチョコレートと、角切りにしたバターをボウルに入れて湯せんにかけ溶かします。生クリームを加えて混ぜ合わせます。

❾ 粗熱をとり、卵を加えてよく混ぜます。

❿ タルト生地に❾を流し込み、170℃に予熱したオーブンで25分焼きます。完全に冷めたら溶けない粉砂糖をふって完成です。

Basic 6
Arrangement 6

抹茶のチーズタルト

材料（18cm タルト型1台分）

タルト生地

ホットケーキミックス	150g
サラダ油	大さじ3杯
グラニュー糖	大さじ2杯
牛乳	大さじ3杯

抹茶チーズケーキ

クリームチーズ	200g
グラニュー糖	50g
抹茶	大さじ1杯
卵	1個
薄力粉	大さじ1杯
生クリーム	50ml

抹茶クリーム

生クリーム	200ml
抹茶	6g
グラニュー糖	小さじ2杯

❶ タルト生地を作ります。ボウルにタルト生地の材料をすべて入れ、ひとまとまりになるまで混ぜます。
❷ 打ち粉をした台にのせ、3mm 厚さにのばします。
❸ 型にのせ、余分な生地を切り落としたらフォークなどで穴をあけます。
❹ 抹茶チーズケーキを作ります。ボウルにクリームチーズ、グラニュー糖を入れてなめらかになるまでよくすり混ぜます。
❺ 卵を加えて混ぜたら、薄力粉、抹茶をふるい入れ、粉気がなくなるまで混ぜます。
❻ 生クリームを加えてムラのないように混ぜたら、❸に流し入れ、160℃に予熱したオーブンで30～35分焼きます。取り出したら型から外し、ケーキクーラーの上で粗熱をとり、冷蔵庫で冷やします。
❼ 抹茶クリームを作ります。ボウルに生クリーム、グラニュー糖、抹茶を入れて八分立てにしたら、絞り袋に移します。
❽ ❻に❼を絞ったら完成です。

下準備

- オーブンは160℃に予熱します。
- クリームチーズは常温に戻します。

Point

・焼成後はしっかりと冷やしてからクリームをトッピングしてくださいね。

Column G

バターの特性について

お菓子作りにおいては、冷たいバターを固形のまま使ったり、常温に戻したバターをクリーム状にしたり、溶かしたりと、バターの状態を使い分けることでよりおいしく作ることができます。
バターの特性がお菓子の仕上がりにどのような効果を発揮するのか、順番に見ていきましょう。

可塑性《かそせい》

可塑性とは、固体に力を加えて変形させたとき、力を取り去ってもその形が残る性質のこと。バターの粘土のように自由に形を変えられる部分が可塑性です。バターの温度が低いと力を加えたときに割れてしまったり、逆に温度が高いと溶けてしまったりして可塑性を失います。バターの可塑性が発揮される最適な温度は13 ～ 18℃です。この可塑性の効果を利用するのがパイ生地。小麦粉の生地に13℃前後のバターを繰り返し折りこんでいくことで、薄い層が幾重にもなったきれいなパイ生地を作ることができます。

ショートニング性

ショートニング性とは、バターが生地のなかで薄く広がり、バラバラに分散される性質のことです。バターが分散されることでグルテンの形成を抑えたり、デンプンの結着を防いだりします。このショートニング性によってクッキーやタルト生地などをサクサクとした食感に仕上げることができます。20℃前後の常温に戻したバターが作業に適しています。バターが溶けてしまうとショートニング性が失われ、失敗の原因になるので注意が必要です。

クリーミング性

クリーミング性とは、クリーム状のバターを撹拌することで空気を取り込める性質です。お菓子を焼いている間にバターに含まれた空気が膨張することで、ケーキがふんわりと膨らみ軽い食感に仕上がります。パウンドケーキやマフィンなどを作るときに「白っぽくなるまで混ぜる」のはこのためです。バターの温度はショートニング性のときとほぼ同じ20 ～ 23℃が目安です。

Column 13

溶かしバターで楽したらダメ？ バターの状態を変えて タルト生地で大検証！

溶かしバターで楽したい！と思ったことありませんか？
ここでは「常温に戻したバター」と「溶かしバター」の2種類のタルト生地を焼き、
どのくらい仕上がりに違いが出るのかを調べてみました！

焼き上がりの見た目を比較

常温に戻したバター

溶かしバター

レシピどおり「常温に戻したバター」で作ったタルト生地も「溶かしバター」で作ったタルト生地も見た目には大きな差が出ず、キレイに焼けました。しかし、溶かしバターで作った生地は冷やす前の状態がかなりベタついており、冷やしたあとも最初は固まっていてのばしやすかったものの、バターが溶けやすくすぐにやわらかくなってしまい、作業性が悪く感じました。

食感を比較

常温に戻したバター

溶かしバター

「常温に戻したバター」で作ったタルト生地はサクッほろっとしたタルト特有の軽い食感に仕上がりました。比べて「溶かしバター」で作ったタルト生地はサクサクとした軽い食感はあまり感じられず、ザクザクとした噛み応えのある仕上がりになりました。
手で割ってみると「常温で戻したバター」のタルト生地はホロホロと崩れましたが、「溶かしバター」のタルト生地は力を入れるとパキッと割れ、硬く感じました。

基本レシピ （18cm タルト型1台分）

薄力粉	120g
アーモンドプードル	30g
粉砂糖	40g
バニラオイル	少々
溶き卵	1/2個分
バター（無塩）	70g
塩	少々

※バターの状態を、常温に戻したバター（20℃前後）、溶かしバターに替えて焼いてみました。

まとめ

バターはレシピどおりに使用すべし！

いつもなんとなくレシピどおりに作ってはいたものの、こんなにも食感に違いが出るとは驚きです。検証の結果、バターはレシピに書いてある状態で作ることがベストだということがわかりました。どの状態でも形にはなりますが、失敗を避け、よりおいしいものを作るためにはバターの特性を理解して丁寧に作ることが大切です。「パイ生地がきれいな層にならない」、「パウンドケーキが膨らまない」、「クッキーが硬くなってしまう」などのお悩みを抱えている方は、ぜひこれらの特性を参考にしてお菓子作りに挑戦してみてください。

Column H

バター以外の油脂について

お菓子やパン作りに使われる油脂はバターだけではありません。たくさんの種類があります。ここでは、代表的な油脂を紹介します。

サラダ油は、精製された植物油の一種です。原料になる植物は、菜種、大豆、トウモロコシ、ひまわり、紅花などで、すべて種子が使われています。無味無臭なので揚げ物やドレッシングなど、料理で幅広く使われますよ。サラダ油のなかには1種類の原料で作った油だけではなく、2種類以上の原材料を混ぜた「混合サラダ油」と呼ばれるものもあります。

米油は、玄米から得られる米ぬかと米胚芽を原料として精製した油です。ビタミンEや植物ステロールをはじめ、米油特有の成分である、γ-オリザノールやトコトリエノールなども含んでいます。クセがなく素材の旨みを活かした油なので、料理にはもちろん、パンやお菓子作りにまで幅広く使えます。また、酸化に強い油で料理のおいしさが長持ちするので、作り置きやお弁当のおかずにもおすすめです。

オリーブオイルはオリーブの実から抽出した油分を精製した油です。エキストラバージンオリーブオイルに比べるとマイルドな風味なので、主にドレッシングのベースや素材の味を活かしたいときの加熱調理に使われます。

ココナッツオイルは、ココヤシの実の胚乳から採れる油です。ココナッツ特有の甘い香りがあり、お菓子作りやドリンクに加えられることが多いです。25℃以上のときは液体になり、20℃を下回ると白い固形へと変化します。「中鎖脂肪酸」を多く含み、消化吸収がすみやかで分解が早いのが特徴。熱に強く、酸化しにくいことから、非加熱調理だけでなく加熱調理にも適しています。

マーガリンは食用油脂に粉乳や発酵乳・食塩・ビタミン類などを加えて乳化し、練り合わせた加工食品です。原料となる食用油脂はコーン油、大豆油、紅花油などの植物油脂が主体。それぞれの特性により使い分けたり、いくつかの種類を混ぜ合わせたりして作られているんです。パンにぬってそのまま食べるのはもちろん、パンやケーキ、クッキーなどを作るときにかかせない材料として家庭ではもちろん、業務用としても使われています。

Column 14

バターと液体油で仕上がりはどう違う？ タルトを焼いて大検証！

「バター以外の油脂でお菓子を作りたい！」ここでは、サラダ油、オリーブオイル、米油、ココナッツオイル、マーガリン、バターの６種類の油脂を用いて、バターと同じようにお菓子を作ることができるのか、どのような違いが出るのかを検証していきます。

焼き上がりの見た目を比較

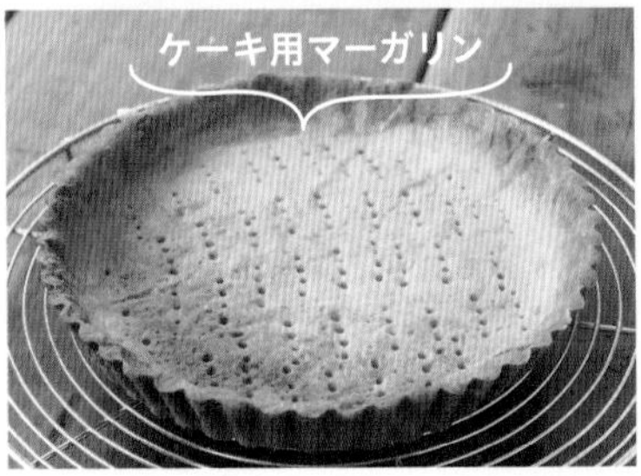

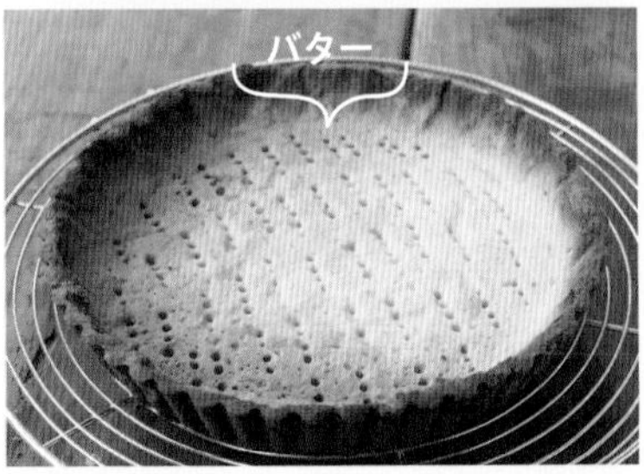

液体油の「サラダ油」「オリーブオイル」「米油」と「ココナッツオイル」で作った生地はバターのタルト生地と比べて焼き色がかなり濃くついています。焼成前もベタついた生地だったので、キレイに焼けず少し変形してしまっています。マーガリンで作った生地はバターで作った生地とほぼ変わらず、程よい焼き色で形もキレイに焼き上がりました。

Memo｜油脂の種類については、113ページを参照ください。

基本レシピ　（18cm タルト型１台分）

薄力粉	120g
アーモンドプードル	30g
粉砂糖	40g
溶き卵	1/2個分
バター（無塩）	70g
塩	少々

※グラムは変えずにバターをサラダ油、オリーブオイル、米油、ココナッツオイル、ケーキ用マーガリンに替えて焼いてみました。

食感・風味を比較

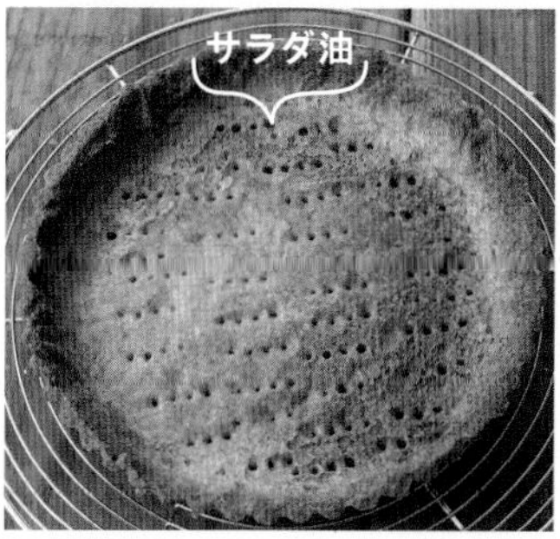

焼き上がり直後は油臭さもなく、小麦粉の香りがしっかりと感じられる仕上がりになりました。バターで作ったクッキーとは違い、表面がカリッとした食感に。しかし、時間が経つと徐々に酸化した油のような香りが……。何枚も続けて食べていると少し重たさを感じました。

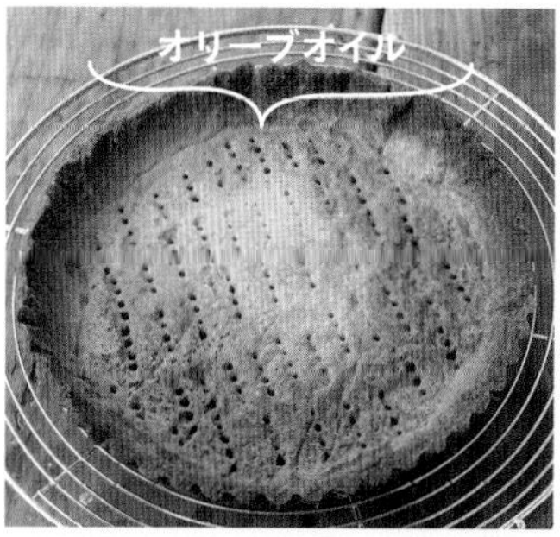

こちらもサラダ油同様、表面がカリッとした食感に焼き上がりました。口の中に入れた直後はオリーブオイル特有の香りが気になることはありませんでしたが、食べ進めていくとオリーブオイル特有の風味とコクが感じられます。甘いフィリングよりはキッシュのようなお食事系のフィリングに合いそうな生地に仕上がりました。

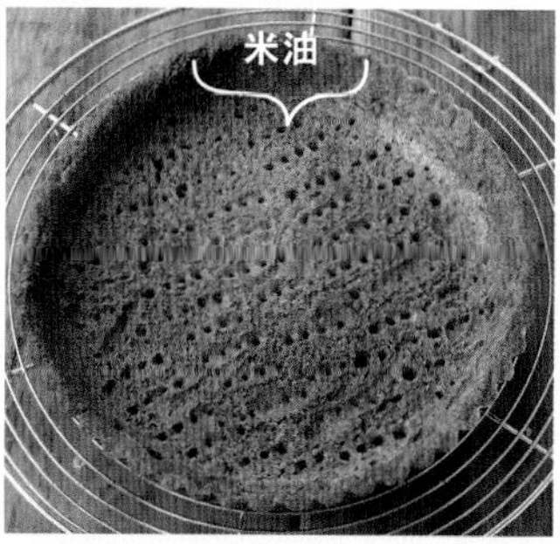

無味無臭の液体油なので、サラダ油で作った生地と近い仕上がりになりました。しかし、油っぽさはなく軽い食感なのでパクパク食べられます。液体油で代用するなら米油が一番お菓子と相性がいいのかな？と感じました。

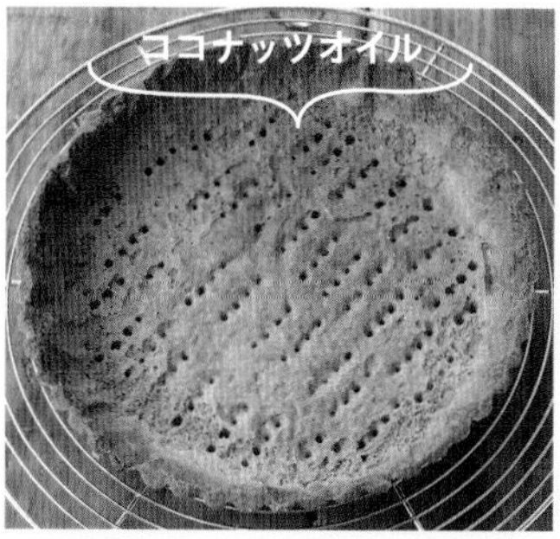

サクッほろっと、スノーボールのように口の中でやさしく崩れるような食感になりました。焼き上がり直後も時間が経ってからもココナッツの香りが強く感じられるため、ココナッツ味が好きな方にはおすすめです。

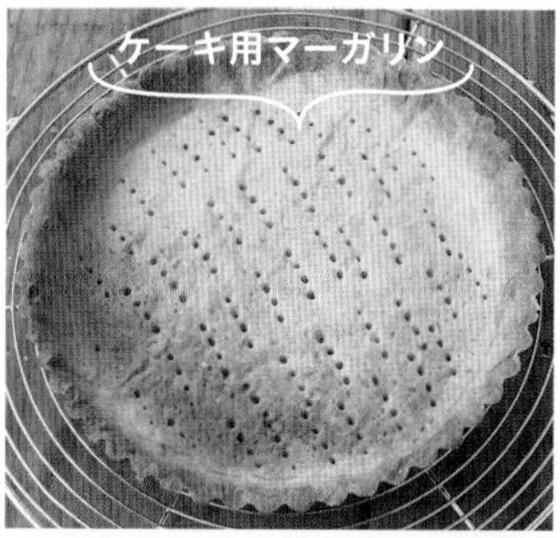

食感はバターで焼く生地に一番近い仕上がりになりました。しかし、味は液体油のように無味無臭というわけでも、バターのように芳ばしい香りがするわけでもなく、マーガリンに含まれる香料独特の香りが強く感じられました。

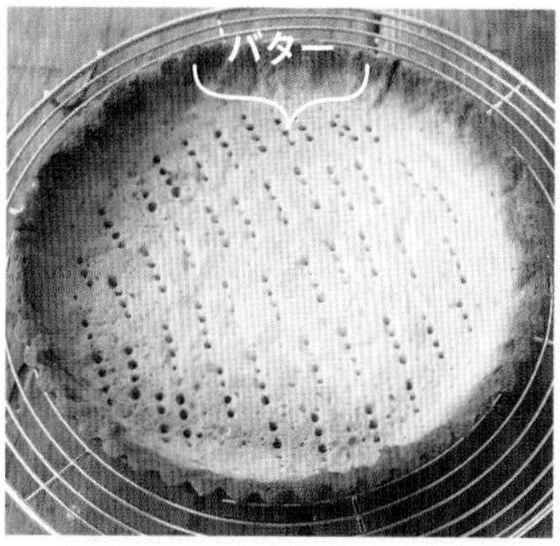

サクサクとした軽い食感で、濃厚なバターの香りが口いっぱいに広がる仕上がりになりました。サラダ油や米油で作った生地は小麦粉の風味がダイレクトに感じられましたが、バターで作った生地は全体のバランスがいい仕上がりになりました。

まとめ

液体油で作ると生地が成形しづらい

サラダ油、オリーブオイル、米油で作った生地は混ぜはじめはベタついていましたが、混ぜていくうちにまとまっていき、生地を休ませたあとものばしやすかったです。しかし、持ち上げると生地がポロポロと崩れてしまい型に移すのがとても難しかったです。生地の表面は油が滲んでいて、手で触ると油が手に残りました。ココナッツオイルで作った生地は冷蔵庫で休ませたあとにかなり硬くなってしまい、のばすのが大変でした。ココナッツオイルは20℃以下で固まりはじめてしまうので、生地を冷蔵庫で休ませる前にのばしてタルト型に敷いてしまった方がいいかもしれません。
検証の結果、バターの代用として使うのはマーガリンが一番適していると思います。どの油脂でも形にはなったものの、マーガリンで作ったタルト生地は焼成前の生地の状態、焼き上がりの食感共に、バターに一番近い仕上がりになりました。
しかし、「バターとマーガリン以外ではお菓子は作れません！」ということではありません。それぞれの油脂に合ったレシピを参考に作れば、おいしいお菓子を作ることができます。

Basic 7

基本のパイ生地

おうちで作れる「基本のパイ生地」のレシピをご紹介します。
薄力粉と強力粉を合わせて手作りする、サクサク食感のパイ生地です。
バターをたっぷり折り込んだ生地はそのまま焼くだけでもおいしい！

材料（20cm パイ型1台分）

薄力粉	120g
強力粉	80g
水	60ml～
塩	少々
バター（無塩）	15g
バター（無塩）（折り込み用）	100g

下準備

- 材料はすべて使う直前まで冷やしておきます。
- 水に塩を加えてよく溶かします。
- 折り込み用のバターは12cm 角になるようにのばします。

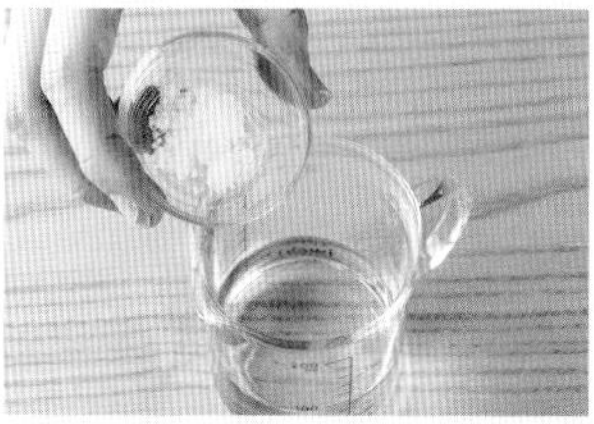

水に塩を入れ、溶かしておく

折り込み用のバターはのばしておく

Q1 材料をすべて冷やしておくのはなぜ？

A 材料をしっかり冷やしておくことで、グルテンが発生しにくくなります。

1

ボウルにバターを入れて、薄力粉と強力粉をふるい入れます。

Q2 全量薄力粉ではダメ？

A 薄力粉のみでパイ生地を作るとのばすときに生地が切れやすく、焼き上がりもサクサクとした食感が出ません。また、強力粉のみで作ると生地がのびにくく、硬い仕上がりになってしまいます。薄力粉と強力粉を合わせて使うことで、作業性がよくサクサクとしたパイ生地を作ることができます。

2

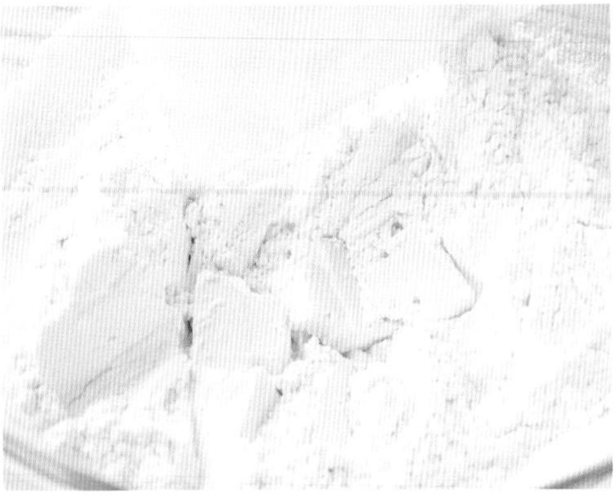

ボウルの中でバターを細かく刻みます。

3

粉とバターをすり合わせます。

Q3 この作業は何のため？

A 小麦粉をバターの薄い膜で覆うことで、水分を加えたあとのグルテンの発生を抑えることができます。この方法をサブラージュ法といいます。

4

全体が黄色っぽくなってきたら真ん中をくぼませ、塩水を加えます。

Q4 黄色っぽくってどのくらい？

A 粉チーズのような色が目安です。

5

水にめがけて粉をかけながら全体を切るように混ぜます。

Point

練るとグルテンが発生してしまうので、スケッパーなどを使用して切るように混ぜてください。

6

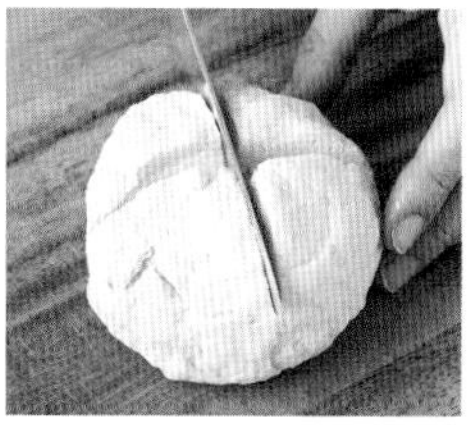

生地をひとまとめにし、深さ3cmほどの切り込みを十字に入れて、ラップで包み冷蔵庫で1時間休ませます。

Q5 十字に切り込みを入れるのはなぜ？

A 切り込みを入れると中心部分まで早く冷やすことができ、このあとの作業がしやすくなります。

Q6 生地を休ませるのはなぜ？　必ず1時間冷やさないとダメ？

A 生地を混ぜる工程で発生した「グルテン」を落ち着かせて、あとの作業をスムーズに進めるためです。時間がないときでも30～40分は必ず休ませてください。

❼

台に打ち粉をし、めん棒で折り込み用のバタ　よりもひとまわり大きくのばします。

Q7 打ち粉にはどの粉を使う？

A 薄力粉よりも粒子が粗い強力粉を使用してください。余分な粉はその都度刷毛などで払い落としてくださいね。

❽

❼に角をずらしてバターをのせ、空気が入らないように一辺ずつ包み、つなぎ目をしっかり閉じます。

❾

打ち粉をしっかりとし、全体にめん棒を押し当てたら3倍の長さになるようにのばします。

Point

一気にのばすのではなく、生地をめん棒で押し付けるように少しずつ広げていくと、生地が破れることなくきれいにのばすことができます。

10

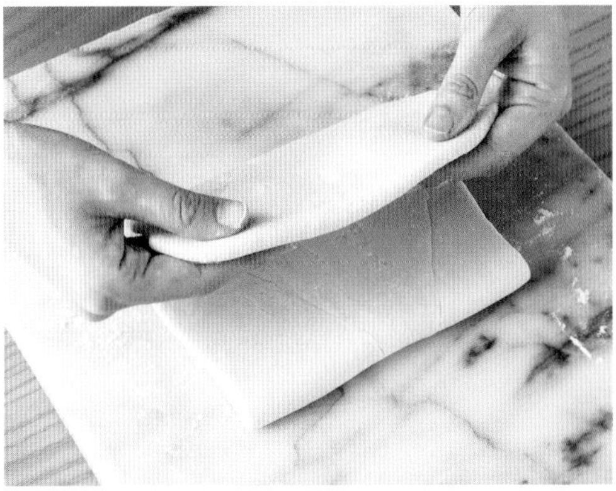

刷毛で余分な打ち粉を払い、三つ折りにします。

11

90度向きを変えて❾～❿の工程を繰り返します。表面をめん棒で軽く押さえ、生地を密着させたらラップに包み冷蔵庫で1時間休ませます。

Q8 冷蔵庫で休ませずに作業を進めてはだめ？

A バターと生地がなじんでしまうとうまく膨らまなかったり、きれいな層ができなくなってしまいます。バターが溶けないよう手早く作業し、一度折り込んだらその都度しっかりと冷やしてください。

12

❾～⓫を2回繰り返したら完成です。用途に合わせてお使いください。

Memo｜パイ生地の使い方については、122～129ページのアレンジレシピを参照ください。

Basic 7
Arrangement 1

アップルパイ

材料 （18cm タルト型1台分）

冷凍パイシート	4枚

フィリング

りんご	2個
グラニュー糖	30g
レモン果汁	小さじ1杯
バター（無塩）	10g
シナモン	小さじ1/4杯
溶き卵	1個分

カスタードクリーム

卵	1個
グラニュー糖	40g
薄力粉	20g
牛乳	250ml
バニラオイル	適量

下準備

- パイシートは常温に戻します。
- パイシート2枚分は1.5cm 幅のリボン状に切ります。タルト型にかぶせた際にはみ出た生地を、ふち用に三つ編みします。
- オーブンは200℃に予熱します。

❶ りんごは皮をむき、2～3cm 厚さのくし切りにします。
❷ 鍋を火にかけてバターを溶かし、りんご、グラニュー糖を加えて木ベラで返しながら炒め、汁気が出てきたらレモン果汁を加えます。
❸ クッキングシートで落とし蓋をして中火で煮て、りんごに透明感が出てきたら落とし蓋を外します。シナモンを加え、煮汁が少なくなり、ツヤが出るまで木ベラで返しながら煮詰めたら粗熱をとって冷蔵庫で冷やします。
❹ カスタードクリームを作ります。耐熱ボウルに卵、グラニュー糖を入れて混ぜ合わせ、薄力粉をふるい入れます。牛乳を3～4回に分けて入れ、バニラオイルを加えて混ぜ合わせます。
❺ ラップをかけずにレンジ600W で2分加熱し、取り出してよく混ぜ合わせ、レンジ600W で1分加熱します。取り出したら混ぜ合わせて、再度レンジ600W で1分加熱します。バットに広げ入れ、ラップをぴったり密着させ、保冷剤を上にのせて冷蔵庫でしっかり冷やします。
❻ まな板に打ち粉をふってパイシート2枚を置き、2枚の端をつけてめん棒で型よりも少し大きめにのばします。タルト型にかぶせて、はみ出た生地は包丁で切り、側面は指で押さえてなじませます。生地の底一面にフォークで穴をあけます。
❼ ❺のカスタードクリーム、❸のりんごを敷き詰め、リボン状に切ったパイシートを格子状に交差させて置き、三つ編みしたパイシートをふちを囲むようにのせ、刷毛で溶き卵を塗ります。
❽ 天板にのせ、200℃に予熱したオーブンで焼き目がつくまで20分焼き、180℃に下げて30～40分焼きます。焼き上がったら冷まし、型から出して食べやすい大きさに切り分けて召し上がれ。

Point

・カスタードクリームはレンジで加熱するたび、しっかりとかき混ぜてください。

いちごのカスタードパイ

材料 （4個分）

冷凍パイシート	2枚
いちご	8粒
溶き卵（ツヤ出し用）	適量

カスタードクリーム	
卵	1個
グラニュー糖	大さじ2杯
牛乳	100ml
薄力粉	大さじ1杯
バニラオイル	少々

下準備

- いちごは4粒ヘタをとってスライスし、残りは半分に切ります。
- パイシートは袋の表記どおりに解凍します。
- オーブンは200℃に予熱します。

❶ カスタードクリームを作ります。ボウルに卵、グラニュー糖を入れてすり混ぜます。
❷ 薄力粉をふるい入れ、粉気がなくなるまで混ぜます。牛乳を加えて、混ぜ合わせます。
❸ バニラオイルを加えて混ぜたら、ふんわりラップをし、レンジ600Wで1分加熱します。取り出したらよく混ぜ、再び600Wで1分20秒加熱します。
❹ 取り出したらよく混ぜ、バットに移します。表面に密着するようラップをかけて、保冷剤などをのせて急冷し、冷蔵庫で冷やします。
❺ パイシートはそれぞれ20cm×10cmの長さになるようにのばし、数か所フォークで穴をあけます。10cm×10cmになるように縦の長さを半分に切ります。
❻ 三角形に折り、ふちを1cmほど残して切り落とさないように両側から切り込みを入れます。
❼ ふちに溶き卵を塗り、左右を交互にたたみます。
❽ クッキングシートを敷いた天板の上にのせ、再度ふちに溶き卵を塗ります。200℃に予熱したオーブンで10～15分焼きます。
❾ オーブンから取り出したら中央をスプーンなどで潰し、粗熱をとります。
❿ 中心にカスタードクリーム、いちごをのせて完成です。

Point

・カスタードクリームはそのまま冷やすと傷みやすいので、保冷剤をのせて急速に冷やしてください。

さつまいもスティックパイ

材料 （8本分）

さつまいも	150g
グラニュー糖	15g
バター（無塩）	15g
牛乳	50ml ～
冷凍パイシート	2枚
卵黄（ツヤ出し用）	1個
黒いりごま	適量

下準備

- さつまいもは皮を剥き、ひと口大に切って5分水にさらします。
- トースターは200℃に予熱します。

❶ さつまいもは耐熱皿にのせ、ふんわりとラップをかけてレンジ500Wで4分加熱します。
❷ レンジから取り出してマッシャーでなめらかになるまで潰し、グラニュー糖、バターを加えてよく混ぜます。
❸ 牛乳を少しずつ加えて混ぜます。
❹ めん棒でパイシート2枚をのばします。1枚に❸を塗り広げます。
❺ もう1枚のパイシートをかぶせて棒状に切ります。
❻ ❺をねじって天板に並べ、卵黄を塗って黒いりごまをふります。
❼ 200℃に予熱したトースターで15分焼いたら完成です♪

Point

・お好みでさつまいもにラム酒を小さじ1杯ほど加えても、風味が出ておいしくなりますよ♪

Basic 7
Arrangement 4

パンプキンパイ

材料 (21cm パイ型1台分)

かぼちゃ	400g
グラニュー糖	20g
バター(無塩)	20g
卵黄	1個
生クリーム	50 ~ 60ml
ラム酒	小さじ1杯
シナモンパウダー	少々
冷凍パイシート	2枚
溶き卵(ツヤ出し用)	1個分

Point

・かぼちゃはオーブンで加熱することでゆっくり火が通り、甘みが増します。レンジの場合は600Wで8~10分ほど加熱してください。

・かぼちゃによって水分量や甘さが変わるので、生クリーム・グラニュー糖の量はお好みで調節してみてください。

❶ かぼちゃの皮を落とし、2cm角に切ってアルミホイルに包みます。180℃に予熱したオーブンで30分加熱し、さらに竹串が通るまで加熱します。

❷ かぼちゃをボウルに移し、熱いうちにバター、グラニュー糖を混ぜます。

❸ 生クリーム、卵黄、シナモンパウダー、ラム酒を加えて全体を混ぜ合わせて冷やしたらフィリングの完成です。

❹ パイシート1枚をのばします。もう1枚のパイシートものばし、こちらは1cm幅に切ります。

❺ 切っていないほうのパイシートをパイ型に敷き詰めたらフォークで数カ所、穴をあけます。

❻ ❸のフィリングを流し入れ、平らにならしたら切ったパイシートを格子状に並べます。余ったパイシートでフチを囲み、フォークで押さえます。

❼ 溶き卵を塗り、200℃に予熱したオーブンで40分焼いて完成です。

シナモンロールパイ

材料 （3～4人分）

冷凍パイシート	1枚
バター（無塩）	20g
グラニュー糖	大さじ2杯
シナモンパウダー	大さじ1杯

アイシング

粉砂糖	大さじ3杯
水	小さじ1杯

下準備

- 冷凍パイシートは冷蔵庫で半解凍します。
- グラニュー糖とシナモンパウダーは混ぜ合わせます。
- 耐熱ボウルにバターを入れてふんわりラップをし、レンジ600Wで20秒加熱して溶かします。
- オーブンは200℃に予熱します。

❶ 台に打ち粉をし、パイシートをのせてめん棒でのばします。
❷ パイシートに刷毛で溶かしバターを塗ります。
❸ 混ぜ合わせたシナモンパウダーとグラニュー糖を全体にまぶします。
❹ 手前から巻き、閉じ目をしっかりと閉じます。ラップで包んで冷蔵庫で30分休ませます。
❺ アイシングを作ります。ボウルに粉砂糖、水を入れてよく混ぜます。
❻ ❹を冷蔵庫から取り出し、1cm厚さに切ったらクッキングシートを敷いた天板の上に並べます。
❼ 200℃に予熱したオーブンで15分焼いたら、❺をかけて完成です。

Point

・巻き終わってから一度冷やしてから切ると、切りやすいですよ。
・アイシングの水の量は少しずつ加えて、硬さを調節してください。

Basic7
Arrangement 6

レモンパイ

材料（15cm タルト型1台分）

冷凍パイシート	1枚

レモンクリーム

卵黄	2個
グラニュー糖	100g
コーンスターチ	30g
レモン果汁	50ml
水	200ml

メレンゲ

卵白	2個分
グラニュー糖	50g

下準備

- 冷凍パイシートは袋の表記のどおりに解凍します。
- オーブンは180℃に予熱します。
- ボウルに卵白を入れて軽く泡立てたら、グラニュー糖を2～3回に分けて加え、その都度よく混ぜ、メレンゲを作ります。

❶ パイシートはタルト型のひと回り大きいサイズにのばします。
❷ タルト型に敷き、余分な生地を切り落とします。フォークなどで穴をあけ、クッキングシートを敷いたら米（重石）をのせて、180℃に予熱したオーブンで15分焼きます。
❸ クッキングシートと米（重石）を外し、型に入れたまま粗熱をとります。
❹ レモンクリームを作ります。耐熱容器に卵黄、グラニュー糖を入れてすり混ぜます。
❺ レモン果汁を加えて混ぜたら、コーンスターチを加えて粉気がなくなるまで混ぜます。
❻ 水を加えて混ぜます。レンジ600Wで2分加熱し、取り出したら軽く混ぜ、もう一度2分加熱してとろみをつけます。
❼ ❸に❻を流し入れます。その上にメレンゲをのせ、スプーンなどでツノを立てます。
❽ 200℃に予熱したオーブンで10分焼きます。粗熱をとり、冷蔵庫でよく冷やしたら完成です。

Point

・重石に使用したお米はそのまま再利用できます。

Column 15

お菓子作りで塩は必要？ 塩なしで作るとどうなる？ パイ生地で大検証！

今回は、塩ありと塩なしでパイ生地を作り、どのくらい仕上がりに差が出るのかを調べてみたいと思います！

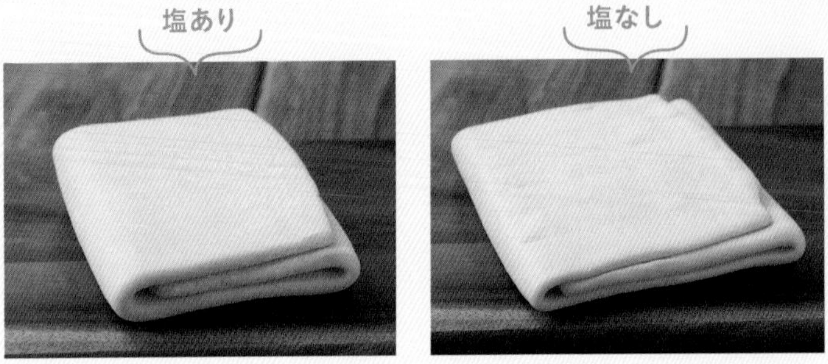

☑ 見た目を比較

塩なしで作った生地はのびが悪く、力を入れてのばそうとすると生地の表面が破れてしまいそうになりました。生地が破れないように作業を進めれば問題なくパイ生地が作れそうですが、作業性は悪く感じます。焼き上がりの膨らみにはそこまで影響はありませんでした。

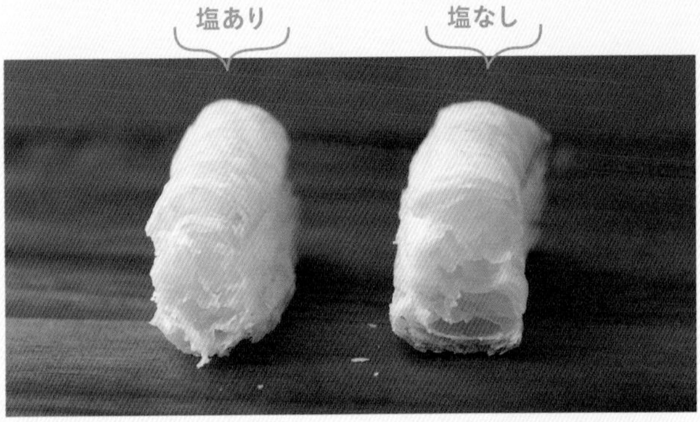

☑ 食感・風味を比較

塩ありで作ったパイ生地に比べ、塩なしは、味に締まりがなくぼやけているように感じました。塩味が全くないのでミルクの風味が強く感じられます。また、グルテンの形成が弱いせいか、サクサク感も弱く感じました。

基本レシピ　（20cm パイ型1台分）

薄力粉	120g
強力粉	80g
水	80ml ～
塩	ひとつまみ
バター（無塩）	15g
バター（無塩）（折り込み用）	100g

※塩あり、塩なしで2種類の生地を作り、焼いてみました。

まとめ

塩はなるべく入れるべし！

ほんの少しの塩の量なので、そこまで大差はないのかな？と思いましたが、仕上がりにかなり違いが出て驚きました。検証の結果、レシピに記載してある塩はなるべく加えたほうがいい！ということがわかりました。
単に甘さを引き立たせるだけでなく、上述したようにグルテンの形成にも影響を与えるので、失敗を防ぐためにもレシピどおりに加えたほうがいいでしょう。今回はグルテンの形成が影響しやすいパイ生地で実験を行いましたが、ほかのお菓子ではまた違う結果が出るかもしれません。すべてのお菓子において塩が必須というわけではないので、ぜひこの結果をいろいろなお菓子作りの参考にしてみてください。

Column 16

有塩バターは使っちゃダメ？パイ生地で大検証！

お菓子のレシピでは無塩バターの指定が多いですよね。これって有塩バターで作ることはできないのか、疑問に思ったことはありませんか？　ここでは、無塩バターと有塩バター２種類のパイ生地を作り、仕上がりにどのような違いが出るのかを検証しました。

焼き上がりの見た目を比較

無塩バターも有塩バターも、どちらも大きな差はなくきれいに膨らんでいます。また、断面もきれいな層ができていました。

食感・風味を比較

無塩バターで作ったパイ生地はバターの風味を強く感じることができ、とてもバランスのいい仕上がりになりました。それに比べ、有塩バターで作ったパイ生地はひと口目はそんなに気にならなかったものの、食べ進めていくうちに塩味を強く感じ、重たくくどい仕上がりになりました。塩味が強いせいか、バターの風味もそこまで感じられません。食感には大きな差はなく、どちらもパイ生地特有のサクサク感を楽しむことができました。

基本レシピ　(20cm パイ型１台分)

薄力粉	120g
強力粉	80g
水	80ml～
塩	ひとつまみ
バター（無塩）	15g
バター（無塩）（折り込み用）	100g

※無塩バターと有塩バター２種類の生地を作り、焼いてみました。

まとめ

有塩バターはお菓子に不向き……

有塩バターでも形にはなりましたが、風味にかなり影響が出ることがわかりました。作るお菓子で使用するバターの量にもよりますが、パイ生地やパウンドケーキ、クッキーのようにバターをたくさん使用するお菓子には向いていないようです。ただ、作れないわけではないのであえて塩味をプラスしたいときなんかは無塩バターとブレンドして使ってみるといいのではないかな？と思いました。

Basic 8

基本のベイクドチーズケーキ

材料を順番に加えて混ぜて焼くだけ！　お菓子作り初心者の方でも挑戦しやすい
シンプルなチーズケーキです。なめらかな口あたりと濃厚なチーズの風味がたまりません！
本格的な仕上がりで、おうちでカフェ気分が味わえます。

材料　（15cm 丸型1台分）

クリームチーズ	200g
グラニュー糖	50g
生クリーム（36%）	200ml
溶き卵	1個分
薄力粉	20g
レモン果汁	大さじ1杯
ビスケット	80g
バター（無塩）	40g

下準備

- 材料は常温に戻します。
- 型にクッキングシートを敷きます。
- オーブンは180℃に予熱します。

Q1 材料を常温に戻すのはなぜ？

A 冷たい材料を使うと材料同士が混ざりにくくなるので、必ず常温に戻したものを使用してください。

1

ジッパー付き保存袋にビスケットを入れ、めん棒で叩いて砕きます。

2

溶かしバターを入れてなじませたら型に入れてスプーンでならし、冷蔵庫で冷やします。

Q2 無塩バターの代わりに有塩バターやマーガリンでも作れますか？

A 作れないことはありませんが、塩味を強く感じる仕上がりになる恐れがあるため、代用はお控えください。また、食塩不使用のケーキ用マーガリンは代用可能ですが、植物性のためバターとは風味が異なります。

Memo | 有塩バターについては、131ページを参照ください。

3

ゆっくりていねいに!

ボウルにクリームチーズを入れ、なめらかになるまでホイッパーで混ぜます。

4

グラニュー糖を加えてよく混ぜたら、卵を少しずつ加えてその都度混ぜます。

Point

勢いよく混ぜると空気を抱き込みすぎてしまい、焼いたときにひび割れてしまう原因になります。やさしく静かに混ぜ合わせましょう。

5

生クリームを少しずつ加えて混ぜたら、レモン果汁を加えてさらに混ぜます。

6

薄力粉をふるい入れ、混ぜ合わせます。

Point

薄力粉を加えてから混ぜすぎるとグルテンが発生し、なめらかな食感が損なわれてしまうので、混ぜすぎには気をつけてください。粉気がなくなれば大丈夫です。

7

型に流し入れ、180℃に予熱したオーブンで40 ～ 50分焼きます。

Q3 焼き上がりがわからない…

A 焼き上がったら軽く揺すって、中まで火が通っているか確認してください。全体が波打つように揺れたり、中から水分が出てくる場合は加熱不足です。中心がふるふるとプリンのように揺れたら火が通っています。

8

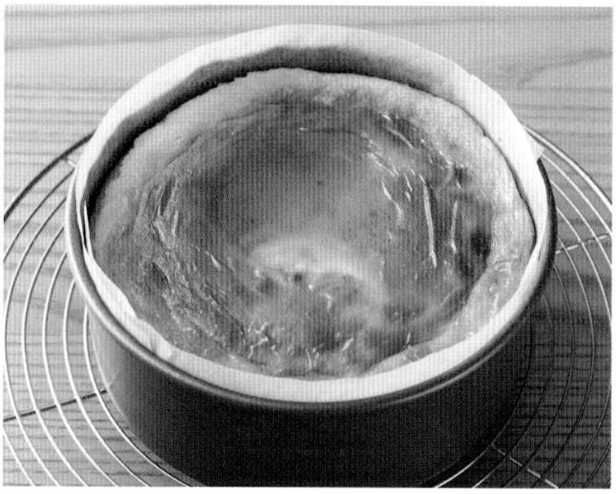

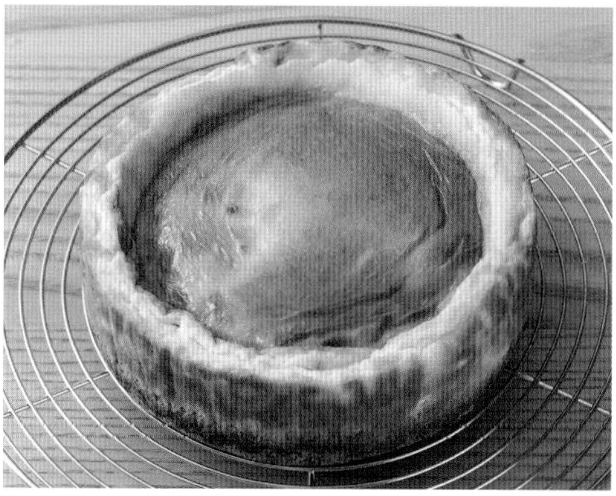

オーブンから取り出したら粗熱をとり、冷蔵庫で冷やします。お好みの大きさに切って完成です。

Q4 型から外すタイミングは？

A しっかりと粗熱をとり、冷蔵庫で冷やしてから型から外してください。できればひと晩冷やすのが理想です。

Q5 断面をきれいに切るためには？

A お湯で温めた包丁を使用しましょう。一度刃を入れたら毎回包丁を拭いてください。

Basic 8
Arrangement 1

スフレチーズケーキ

材料 （15cm 丸型1台分）

クリームチーズ	200g
卵黄	3個
薄力粉	30g
牛乳	100ml
レモン果汁	大さじ1杯

メレンゲ

卵白	3個分
グラニュー糖	60g

下準備

- 型にクッキングシートを敷きます。クッキングシートの側面に溶かしバター（分量外）を塗り、粉砂糖（分量外）をふるいかけます。
- 底が取れる型の場合はアルミホイルで覆っておきます。
- オーブンは150℃に予熱します。
- クリームチーズは常温に戻します。

❶ ボウルにクリームチーズ、卵黄を入れ、泡立て器でよく混ぜます。
❷ 薄力粉をふるい入れて泡立て器で混ぜ、牛乳、レモン果汁を加えてよく混ぜます。
❸ メレンゲを作ります。卵白とグラニュー糖をボウルに入れ、ハンドミキサーでツノがおじぎするくらいの硬さになるまで泡立てます。
❹ ❸を❷に加えて泡立て器で全体を静かに混ぜ合わせます。
❺ 型に生地を流し入れ、バットにキッチンペーパーを敷き、その上に型を置いて水をバットの深さ2cmくらいになるように入れます。
❻ 150℃に予熱したオーブンで20分焼きます。120℃に落として40分焼いて中まで火を通します。
❼ 焼き上がってもすぐにはオーブンから出さず、オーブンの扉を開けて10分程度そのまま放置し取り出します。
❽ 粗熱をとったら完成です。

Point

・底が抜ける型の場合は水が入らないよう、必ずアルミホイルで覆ってください。
・クッキングシートの側面にバターを塗って粉砂糖をまぶすことで、キレイに膨らみ、ひび割れしにくくなります。

半熟チーズケーキ

材料 (15cm 丸型1台分)

クリームチーズ	200g
サワークリーム	100g
卵	1個
生クリーム	200ml
グラニュー糖	60g
コーンスターチ	大さじ1杯
レモン果汁	大さじ1杯

土台

ビスケット	80g
バター(無塩)	30g

下準備

- 型にクッキングシートを敷きます。
- 材料は常温に戻します。
- オーブンは180℃に予熱します。

❶ ジッパー付き保存袋にビスケットを入れ、めん棒などで叩いて砕きます。

❷ 溶かしバターを加えてなじませたら型に入れてスプーンなどでならし、冷蔵庫で冷やします。

❸ ボウルにクリームチーズ、サワークリームを入れ、なめらかになるまでゴムベラで混ぜます。

❹ グラニュー糖を加えてよく混ぜたら、卵を少しずつ加えてその都度混ぜます。

❺ コーンスターチを加えて粉気がなくなるまで混ぜたら、生クリームを少しずつ加えてその都度混ぜます。

❻ レモン果汁を加えて混ぜたら、❷に流し入れ、180℃に予熱したオーブンで40 ~ 50分焼きます。

❼ 取り出したら粗熱をとり、冷蔵庫で冷やしたらお好みの大きさに切って完成です。

Point

・コーンスターチは片栗粉でも代用できます。

バスクチーズケーキ

材料 (15cm 丸型1台分)

クリームチーズ	400g
溶き卵	2個分
生クリーム	200ml
グラニュー糖	80g
薄力粉	大さじ1杯

下準備

- クリームチーズは常温に戻します。
- 卵は溶きほぐして常温に戻します。
- 型にクッキングシートを敷きます。
- オーブンは220℃に余熱します。

1. ボウルにクリームチーズを入れ、なめらかになるまで混ぜます。なめらかになったらグラニュー糖を加えてさらに混ぜます。
2. 卵を2回に分けて加えて、その都度よく混ぜます。
3. 薄力粉をふるい入れたらムラがなくなるまで混ぜます。生クリームを加えてよく混ぜます。
4. 型に生地を流し入れます。軽く型を落として空気を抜きます。
5. 220℃に余熱したオーブンで40分焼きます。
6. オーブンから取り出し、粗熱をとって冷蔵庫で冷やしたら完成です♪

Point

・粗熱をとってから冷蔵庫で冷やさずに食べると、中がとろとろで違う食感が楽しめますよ♪

ヨーグルトレアチーズケーキ

材料 （15cm 丸型1台分）

クリームチーズ	200g
プレーンヨーグルト（加糖）	200g
粉ゼラチン	8g
水	大さじ2杯
ビスケット	50g

トッピング

ブルーベリージャム	適量

下準備

- 材料は常温に戻します。
- ゼラチンは水をかけてふやかします。
- ボウルまたはジッパー付き保存袋にビスケットを入れ、めん棒などで細かく砕きます。

❶ ボウルにクリームチーズを入れ、なめらかになるまでゴムベラで混ぜます。
❷ ヨーグルトを2回に分けて加え、その都度よく混ぜます。
❸ 砕いたビスケットに❷を大さじ1杯ほど加え、よく混ぜて型に敷き詰めます。
❹ ふやかしたゼラチンをレンジ600Wで10～20秒ほど加熱し、溶かします。
❺ ❷に溶かしたゼラチンを加え、よく混ぜ合わせます。
❻ ❸に生地を流し入れ、冷蔵庫で1時間以上冷やし固めて完成です。お好みでブルーベリージャムを添えて召し上がれ。

Point

・ゼラチンを戻す水がぬるいと中心部まで十分に吸水しない恐れがあります。ゼラチンを戻すときは必ず冷水で行ってください。
・ゼラチンは沸騰させると、臭みが出て固まる力が弱まってしまいます。沸騰しないよう、様子を見ながら加熱してください。
・甘さ控えめな仕上がりです。お好みで砂糖を加えて作ってください。
・冷蔵庫から取り出したら温かいタオルなどで型の周りを温めてからゆっくりと取り外してください。

チョコチーズケーキ

材料 (15cm 丸型1台分)

クリームチーズ	200g
ミルクチョコレート	100g
ココアパウダー	20g
グラニュー糖	40g
卵	1個
生クリーム(36%)	200ml

ボトム

クリームサンドココアクッキー	9枚
バター(無塩)	20g

下準備

- バターはレンジ600Wで20～30秒加熱して溶かします。
- クリームチーズは常温に戻します。
- 型にクッキングシートを敷きます。
- オーブンは170℃に予熱します。

❶ クリームサンドココアクッキーは、袋に入れてめん棒などで砕きます。溶かしバターを加えて全体をよくもみ込み、型に敷き詰めて冷蔵庫で冷やします。
❷ 耐熱容器にチョコを割り入れ、生クリームを加えて湯せんで溶かします。
❸ ボウルにクリームチーズ、グラニュー糖を入れてなめらかになるまで混ぜます。
❹ 卵を割り入れ、よく混ぜます。
❺ ❷を2～3回に分けて加え、その都度よく混ぜ合わせます。
❻ ココアパウダーをふるい入れ、混ぜ合わせます。
❼ 型に流し入れ、数回落として空気を抜き、170℃に予熱したオーブンで45～50分ほど焼きます。
❽ 焼き上がったら型に入れたまま粗熱をとり、冷蔵庫で一晩冷やして完成です。

Point

・焼成後はよく冷やしてから型から外してください。切り分けるときは1回ずつ包丁を拭くと、きれいに切ることができますよ。

オレオチーズケーキ

材料 （15cm 丸型1台分）

クリームサンドココアクッキー	18枚
クリームチーズ	200g
生クリーム（35%）	200ml
グラニュー糖	40g
バター（無塩）	30g

下準備

- バターはレンジ600Wで20～30秒加熱して溶かします。
- クリームチーズは常温に戻します。
- 型にクッキングシートを敷きます。

❶ クリームサンドココアクッキーは9枚分、袋に入れてめん棒などで砕きます。
❷ 溶かしバターを加えて全体をよくもみ込みます。
❸ ❷を型に敷き詰め、冷蔵庫で冷やします。
❹ ボウルにクリームチーズ、グラニュー糖の半量を入れて、なめらかになるまでよく混ぜます。
❺ 別のボウルに生クリームと残りのグラニュー糖を入れ、八分立てにします。
❻ ❹に❺を2～3回に分けて加え、その都度混ぜます。
❼ 粗く砕いたクリームサンドココアクッキー（4枚）を加えて混ぜたら、型に流し入れます。
❽ 残りのクリームサンドココアクッキー（5枚）を上に飾り、冷蔵庫で2～3時間冷やし固めたら完成です。

Point

・ご家庭にあるお好みの型でお作りいただけます。
・冷蔵庫に入れてしっかり冷やし固めてから切り分けてください。固まらない場合は冷凍庫に移して30分ほど冷やし固めてから切り分けてくださいね。

Column 17

生クリームは牛乳で代用できる？
チーズケーキを牛乳で作って大検証！

生クリームが家にない！なんてこと、よくありますよね。生クリームの代用として牛乳が使えるのか気になるところ。ここでは、生クリーム、生クリーム+牛乳、牛乳の３種類でチーズケーキを作り、仕上がりにどのような違いが出るのかを調べてみたいと思います！

焼き上がりの見た目を比較

生クリームで作ったチーズケーキは一番焼き色が強くつきました。牛乳で作った生クリームはかなり焼き色が薄く、牛乳と生クリームで作ったチーズケーキはちょうど中間くらいの焼き上がりです。

基本レシピ （15cm 丸型１台分）

クリームチーズ	200g	溶き卵	1個分
グラニュー糖	50g	薄力粉	20g
生クリーム	200ml	レモン果汁	大さじ1杯

※生クリームを、生クリームと牛乳100mlずつ、牛乳200mlに替えて焼いてみました。

Memo｜クリームの種類については、75ページを参照ください。

食感・風味を比較

生クリーム

生クリームのチーズケーキはなめらかでクリーミーな口あたりに仕上がりました。もったりと重たいテクスチャーなので口の中でゆっくりと広がっていきます。とても濃厚でコクのある味わいで、ニューヨークチーズケーキのような仕上がりになりました。生クリームの風味が強いのでクリームチーズの酸味は少し弱く感じます。

生クリーム＋牛乳

生クリームだけのチーズケーキと比べ、牛乳のスッキリとした風味がプラスされることでクリームチーズの程よい酸味も引き立ち、バランスの良い味わいに仕上がりました。
食感は大きく変わることはありませんでしたが、生クリーム＋牛乳のチーズケーキのほうが若干口溶けが良い印象です。

牛乳

3つのチーズケーキの中で一番あっさりとした味わいに仕上がりました。クリームチーズの酸味がかなり引き立つので、甘さも控えめですっきりとした後味です。
食感も一番やわらかく、なめらかな食感というよりは少し水っぽいような印象がありました。
食感・風味ともに本格的なチーズケーキのような仕上がりにはなりませんでしたが、甘いものが苦手な方や甘さ控えめですっきりとした味わいに仕上げたい方におすすめです。

まとめ

仕上がりには大きな差が出る！

検証の結果、牛乳でも作れないことはありませんでしたが、風味や食感だけでなく見た目にまで大きな差が出ることがわかりました。
お店のような本格的で濃厚な仕上がりに近付けたい方は、なるべくレシピどおりに生クリームを使用することをおすすめします。少しでもコストやカロリーを抑えたり、家にあるもので手軽に作りたいと思う方は牛乳で代用してみてもいいと思います。
今回はチーズケーキで実験を行いましたが、ケーキのデコレーションで使うクリームのようにほかのスイーツでは代用できないこともあるかもしれません。すべてのスイーツで使用している生クリームが牛乳で代用できるとは一概には言えませんが、今回の実験結果を参考にしてみてくださいね。

■制作スタッフ

装丁・本文デザイン　田中聖子（MdN Design）
DTP　松川直也
校正・校閲　加藤優
企画編集　石川加奈子

macaroniが教える
失敗しないお菓子作りの基本

2023年8月1日　初版第1刷発行

著者　macaroni／macaroni料理家 えも

発行人　山口康夫

発行　株式会社エムディエヌコーポレーション
〒101-0051　東京都千代田区神田神保町一丁目105番地
https://books.MdN.co.jp/

発売　株式会社インプレス
〒101-0051　東京都千代田区神田神保町一丁目105番地

印刷・製本　シナノ書籍印刷株式会社

Printed in Japan

ISBN978-4-295-20412-1　C2077